機会損失

OPPORTUNITY
COST

「見えない」リスクと
可能性

清水勝彦

東洋経済新報社

はじめに

Silver Blaze（邦題『銀星号事件』）で、おなじみのシャーロック・ホームズは、「起きたこと」ではなく、「起きなかったこと」、つまり「番犬が吠えなかったこと」に注目し、事件を解決します。

当たり前ですが、起きたこと以外に起きないことは無数にあるわけで、普通はそこまで考えない。そこに「盲点」が生まれます。ホームズの洞察力とは「見える」証拠だけに引きずられることなく、「見えない」重要な点、全体像を想像することができたということではないでしょうか。

本当に重要なことは、目に見えないことが多いのです。特に、「何かをやること」のコストとリターンはよく見えますが、それによって見えなくなること、つまり、「やらなかったこと」や「できなくなったこと」がより重要であったりするのです。これが機会損失です。

> 機会損失：Opportunity cost is the net benefit lost by making a choice.[1]

---

(1) Buster MBA (2014) *Opportunity Cost*. Brevitext (Kindle 版).

機会損失を一言でいえば、「得べかりし利益」です。単純な例を挙げれば、私もかかわるMBAがあります。MBAを取得するために、会社を辞めたとしましょう。MBAの費用対効果としては、一般的に行く前のサラリーから卒業後のサラリーがどれだけ上昇したか、それにいくら払ったのかというROI(Return on Investment)が話題になります。

この投資(Investment)に相当するMBAの学費自体は当然コストですが、機会損失ではありません。機会損失とは、もし会社を辞めずに働いていたら、これだけ収入を得られた、これだけ成長できた、こんなチャンスもあった……ということです(なかったかもしれませんが)。

また、以前に総務省と消費者庁が「ゼロ円スマホ」をなくせという指導をしていたのをご記憶の方も多いでしょう。それは頭のいい人が考えたのですから、たぶんいいことなのでしょう。

しかし、市場原理が働く世界にそうした「お上の指導」が必要なのでしょうか。そして、おそらくシャーロック・ホームズが指摘したならば、「お上」は税金を使って他にもっと大切なことができなくなっているということではないでしょうか。

全く同じことは、テレビにも言えます。毎日のように垂れ流されている政治家や芸能人のスキャンダル報道、さらには、それを喜んで見てしまう私たち。もちろん、私たちがそもそも政治家に何を求めているのか(求めるべきか)という話や、なぜ、どこもかしこも同じようなニュースを流しているのかという点はあるわけですが、より本質的で、しかも見えない問題は、そうしたバカなニュースが流されることで、別の重要なニュースが流されないということです。

機会損失の本質的な問題は、「見えない」ことにあります。結果として、気をつけようと思っても、目の前の案件やプロジェクトに気を取られ、「もしこの案件に時間を取られなかったら何ができるか」とか「他により重要な案件はないのだろうか」ということにまでなかなか注意が行き届きません。

しかし、個人も企業も資源は有限です。優先順位の低いことに時間を取られれば、本来やらなくてはならないことに対する投資が減り、ジリ貧は避けられません。本当の問題が見えるくらいに大きくなったときには、だいたい手遅れです。

この見えないコストである「機会損失」について、本書では次の四つの視点から考えてみたいと思います。

まず、基本的なポイントとして「Aをやれば、Bはできない」という①「**決定そのもの**」**に関する機会損失**。特に、経営戦略でいわれる限られた資源の配分、「何をやるかだけでなく、何をやらないかをはっきりさせる」という点です。逆に言えば、Aをやるためには Bを捨てなくてはならないということでもあります。

次に、そもそもの戦略を意思決定する、これには「何かをする」という意思決定もあれば、「やめる」という意思決定もあるわけですが、その意思決定の②「**プロセス**」**にかかわる機会損失**です。つまり、「Aをやるかどうか」について、たとえば一カ月かけて検討するということが起きると、その意思決定のための情報収集、会議、マンパワーのコストがかかります。もし一週間で決められていれば、残りの三週間をより有益なこと、あるいは別の案件に使えるはずです。

そして、③**後悔のコスト**です。これには二種類あって、一つには意思決定の前に「後悔したくない」とか「悪い意思決定をしたくない」ということで、さまざまな可能性を探り、選択肢を検討するときに起こる機会損失があります（これは広く捉えれば二番目の「プロセス」にかかわる機会損失の一部ともいえます）。

もちろん、多くの選択肢の中から選ぶこと自体は、より良い決定に近づくという意味で悪くないのですが、迷ってばかりいれば、いつまで経っても決まりません。結果として、早く決めて、さっさとやっていればそれなりの成果が出せたのに、「熟考」のために何の行動も成果もないとすれば、大きな機会損失が出ています。

もう一つの「後悔のコスト」は、意思決定をした後に「ああすれば良かった」「やっぱりこうしたかった」などと思って時間を費やす機会損失です。結婚やマンションの購入だけでなく、企業の戦略意思決定でもよく見られます。M&Aをしたが、シナジーがなかなか生まれない。現場はいろいろと文句を言うし、投資家もマスコミも失敗だったなどと盛んに言う。どうしよう。続けるべきか、やめたほうがいいか……。いわゆる「ぶれる」ことで資源が浪費されたり、発散したりするコストです。

そして、最終的に考えなければいけないのは、**④「機会損失」を最小化すること、**つまり優先順位づけです。繰り返しになりますが、人も組織もマスコミも、どうしても「見える」そして「目立つ」ことに気を取られがちです。したがって、いったん選択肢が提示されてしまうと、それ以外にないと思ったり、機会損失の概念を忘れて優先順位が低いけれど目立つ案件に資源が怒涛のようにつぎ込まれるということが起きます。

特に注意したいのが、経営者による機会損失は、自分だけではなく会社全体に及ぶ点です。M&A戦略で、ある会社を買収したら、別の会社が買えなかったという単純な話だけでなく、ある決断、選択、アクションをすることで、社員はもちろん、顧客、投資家、取引先に「自社はこういう方向で行きます」とか「これは大事ですが、これは大事ではありません」というシグナルを発することになるという点です。トップの何気ない一言を聞いた社員が、「会議で言っていたこととは違う」とばかりに「ぶれ」を増幅させることもあれば、「そこまで言うのなら」とトップの本気に触れて気合いを入れ直すこともあります。

先ほどのテレビの例を考えてみてください。他局がしゃかりきになってスキャンダル報道を取り上げているときに、別の局が日本の高齢化問題を取り上げていたらどうでしょう。

「スキャンダル報道を流せなかった（結果として、もしかしたら何パーセントかの視聴率を失った）」という機会損失はあるのでしょうが、「当局はこういう方針です」とか「他局とは違うのです」というメッセージを鮮明に打ち出すことになります。

それによって、より良い評価を得ることができたとしたら、もしかしたら機会損失は広い意味でマイナスだったとして、目先の話題性のあるニュースを捨てることによって、長い目で見た評判という重要なものを手に入れたといえるかもしれません。私流に言えば、これこそが**戦略的**というべき点です。「肉を切らせて骨を断つ」や「損して得取る」ことこそが戦略の本質であるからですが、これは後に触れます。

結局、**機会損失を考えるとは、意思決定の基準、価値観を考えるということにほかなりません**。自分、自社がどの目的を、どの時間軸で達成したいのか、そのためには限られた資源をどう配分したらよいのか。目に見えること、結果がすぐ出ることにどうしてもとらわれてしまいがちな私たちの頭のどこかに、**機会損失の概念を持つことで、より戦略的な意思決定と行動ができる**はずです。

本書は、基本的にビジネスパーソンを対象にしていますが、決められなくて困っている、いつも後悔ばかり、といった方々にも何らかのヒントをお伝えできればと思います。

機会損失▼目次

第II部 意思決定プロセスにかかわる機会損失

第Ⅲ部 後悔と機会損失

第I部

意思決定にかかわる機会損失

通りがかり「精が出るね」
木こり「まあね」
通りがかり「ずいぶん疲れてるようだけど、どのくらいやっているの」
木こり「五時間くらいかな。やんなっちゃうくらい大変なんだ」
通りがかり「ちょっと休んで、のこぎりを研いだらどうかな。そのほうが早く終わると思うけど」
木こり「そんなことをしてる暇ないよ。忙しいんだ」

——イソップ童話

第1章 戦略と機会損失

1 「戦略」とは何か?

戦略という言葉は、今やビジネスの世界はもちろんスポーツにせよ、教育にせよ、日常的に用いられるようになりました。経営戦略、マーケティング戦略、あるいは人事戦略……。たとえば、アマゾンで「戦略」と入れると、書籍だけで約二万件がヒットします。

それでは、「戦略とは何か」と問われると、意外に答えられないということはないでしょうか。

もちろん、一つの正しい定義というのはないと思いますが、私は次のように考えています[1]。

戦略とは、ある一定の目的を達成するために、ターゲット顧客を絞り込み、自社固有の強み(ユニークネス)を用いて、競争相手よりもより安い、または、より価値のあ

図表1-1 差別化の基本方程式

$$\text{顧客にとっての魅力度} = \frac{\text{商品・サービスの「価値」}}{\text{商品・サービスの対価（価格）}}$$

る商品・サービスを提供する（差別化する）ための将来に向けた計画である。

キーワードを一つだけ挙げるとすれば「差別化」でしょう。差別化の仕方は、いわゆる事業戦略でよく指摘されるように、コスト（他社と同等の品質でより安い）か価値（他社と同等の価格でより品質が高いか）のいずれかになります。

わかりやすく言えば、図表1-1のような方程式になります。顧客に選んでもらおうとすれば、商品・サービスの魅力度を上げるしかないわけで、そのためには分母を下げる（コストを下げ、その分を価格に転嫁して価格を下げる）か、分子を上げる（より高い品質を実現する）ことになります。現実にはもう少し複雑でしょうが、突き詰めていけばそんなところです。

ここまでは基本中の基本として、問題はどう差別化を実現するかです。

この定義では、「自社固有の強みを用いて」と書きました。短期的には間違いないと思います。しかし、今日の強みが来月も、あるいは来年も自動的に強みであり続けるかといえば、残念ながら、あまり期待できません。それは、技術革新であったり、顧客のニーズが変わるということもありますが、最も可能性が高いのは競争

（1）清水（二〇〇七a）三〇ページに加筆。

相手が真似をしたり、あるいは自社の強みが弱みに変わる（たとえば、ＥＣが普及して店舗が重荷になる）ような施策を打ってくることです。

逆に言えば、「差別化」を維持する、もっと難しく言うと、「中長期的な競争優位を獲得する」ためには、「強み」を進化させなくてはなりません。ここで「資源配分」という重要なコンセプトが出てきます。

どの組織も、そして個人も、いわゆる「ヒト」「モノ」「カネ」（最近では「時間」や「情報」などが加わったりもします）、つまり、資源は有限です。やりたいことがどれだけたくさんあっても、全部はできません。

それは読者の方も自分の本棚を見れば明らかでしょう。読みたい本、読んだほうがいい本はたくさんあると思いますが、「積ん読」の山が日に日に成長するのは、単純に言えば「資源」つまり時間が足りないからです。だからこそ、「戦略で大切なことは、何をするかだけでなく、何をしないかも明確にすることだ」といわれるのです。

したがって、単純に言えば次のようになります。

戦略の核心＝差別化
差別化実現の手段＝資源配分

この資源配分の話がより一般的にされるのは事業戦略（business strategy）よりも企業戦略（corporate strategy）、つまり、多角化に関してです。新規も含めた複数の事業に対して、どのように限られた資源を振り向けるか、それによって企業全体で中長期的な競争優位をどのように獲得するか。そこでは、単純に「バラマキ」ではなく、メリハリ、流行り言葉（と言われながら、過去何十年も言われ続けている）で言えば、「選択と集中」が求められるのです。

「スタートアップが失敗するのはチャンスがないからではなく、チャンスがありすぎてどれも消化できないからだ」といわれることがありますが、これは大企業でも同じです。「無駄なこと」や「意味のないこと」をやめるのは戦略でも何でもありません（そもそも「無駄なこと」をどうしてやっているのでしょう?）。

差別化を実現するための資源配分とは、**本当は投資をしたい事業だけれど、より優先順位が高い事業に振り向けなければいけないから、泣く泣く諦める**ことなのです。一見、投資を諦めてチャンスを逃すことが「機会損失」のように見えますが、ほとんどの場合、多くのチャンスに目がくらんでどのチャンスも生かせないという「機会損失」であることが現実です。

自社によほどの強みがない限り、痛みを伴わない戦略はありません。痛みを伴わないような施策は、どの会社にもできるのです。今やＥＣだけでなく、すべての小売の覇者になりつつあるアマゾンがそれでもリスクを取り、次々に投資をし続けているのは、現状に安住したときから優位性の綻びが始まることをよく知っているからです。

痛みを伴わないことは、一見リスクもなく機会損失もないように見えますが、将来の成長可能性、競争力を危機にさらすという意味で、実は見えないより多くのリスクに身を置くことになるのです。

戦略実現には痛みが伴う。
痛みがないことは、将来より多くの損失を生むリスクをはらんでいる。

2

「戦略的」とは何か？

「戦略」と同じくらい「戦略的」「戦略性」という言葉もよく使われます。ポジティブな意味であるということはわかると思いますが、つまり、どういうことでしょうか。

たとえば、先日手にした日本経済新聞には次のような見出しがありました。

戦略的人材育成

産学連携　戦略的に
インド太平洋戦略的推進

「戦略」は、しばしば「(短期的)戦術」と対比され、その意味でより中長期的な視点を持つことが「戦略的」であると理解されることが多いと思います。つまり、「戦略的でない」というのは、場当たり的であったり、思いつきであったりするということです。

それでは、場当たり的でない、その場の思いつきでないのであれば、「戦略的」なのでしょうか。これらの見出しのついた記事を読み込んでも、結局は「うまくやれ」ということを言っているだけで、何が戦略的で何が戦略的でないのかは最後までわからずじまいでした。

中長期的であることとかぶりますが、おそらく戦略的であることのもう一つの重要な意味は「限られた資源の配分」という点にかかわってくると思います。端的に言えば、「損して得取れ」「肉を切らせて骨を断つ」です。

ビジネス的に言うと、短期的には重要に見える、あるいは儲かる事業であっても、中長期的に競争優位が維持できない事業には投資するべきではない。逆に、現在は赤字であったり、それほど大きくない事業であっても、中長期的に重要であれば、それに投資することこそが「戦略的」であるということです。

つまり、二つの意味での「トレードオフ」、現在の限られた資源をどこに集中させるか、逆に言えば、可能性のあるオプションのどれを捨てるかという「現在の資源のトレードオフ」、そしてもう一つは、現在と将来をにらんで、何でもかんでも今は赤字だからやめるとか刈り取るのではなく、たとえば黒字であっても将来性がない事業は売却し、逆に将来性のある事業には投資を続け、育てるという意味の「時間軸のトレードオフ」です。

何でもそうですが、トレードオフを伴わない成功はまずありません。いや、今のアマゾンを見ていると何をやっても勝てるように見える……というご意見もあるかもしれません。しかし、ここまで来るのは大変だったでしょう。アマゾンをジェフ・ベゾス氏が設立したのが、インターネットが盛り上がり始めた一九九四年。良い滑り出しではあったのですが、ベゾス氏は大型倉庫などに投資をし続け、創業から八年間（つまり二〇〇二年まで）はずっと赤字だったのです。「Amazon.com ではなく Amazon.org に改名しろ」（.org は非営利団体につく）なんてジョークを言われながら、ウォールストリートのプレッシャーをもろともせず、投資し続けたから今があるのです。まさに「戦略的」ということではないでしょうか。

言い換えれば、現在目の前にあるチャンスに飛びついたり、儲けていることが、本当に戦略的かどうかはわかりません。ＡＩもブロックチェーンも重要だとは思いますが、流行のサービス、ビジネスモデルを採用することが、本当に「損して得取れ」になっているかどうか。
大手企業には部下が上げてきたアイディアを「リスクがあるから駄目」という幹部がいたりするのですが、リスクがない施策だけで差別化ができるようであれば、経営者は要りません。

戦略的＝「損して得取れ」「肉を切らせて骨を断つ」

3

コマツの「ダントツ経営」

もう一つの「戦略的」の例は、コマツの「ダントツ経営」でしょう。それを率いたコマツ相談役の坂根正弘氏は日本経済新聞の「私の履歴書」で次のように語っています。(2)

新機種を企画する際は開発や生産、営業、サービスなどの各部門が一堂に会して、合意形成をする。その際は「ここが競合に比べて劣っている」といった議論に終始し

(2) 坂根正弘「私の履歴書」『日本経済新聞』二〇一四年一一月二六日。

てどんどんカドが取れていき、最後に出てくるのは平均点より少し上の面白みに欠ける商品群となる。

そこで私は営業と開発の責任者を呼んで、「新機種を開発するときは、最初に何を犠牲にするか決めろ」と指示した。競合に負けてもいい部分を最初に決めておき、浮いた経営資源を「環境」「安全」「情報通信技術」の重点分野に投入する。いわばメリハリ路線だが、こうして生まれた商品の一つがエンジンとモーターを併用するハイブリッド油圧ショベルだ。

この「ダントツ商品」という言葉を言い始めてから、開発陣が目に見えて生き生きしてきたのがわかった。「平均点主義」の枠から解放され、突き抜けた提案が生産部門や協力企業からも上がってくる。提唱した私にとっても、言葉一つで組織がここまで変わるとは新鮮な発見だった。

ほぼすべての企業では、商品やサービスについて競合とのベンチマーキングを行います。価格、機能、ブランド、使いやすさ、納期、耐久性、アフターサービス、といったものです(図表1-2)。

そして、すべてにおいて競合を上回ることをめざして頑張るのですが、だいたいはうまくいかなかったり、あるいは上回っても微々たるものになります。資源が限られているの

図表1-2 よくあるベンチマーキング

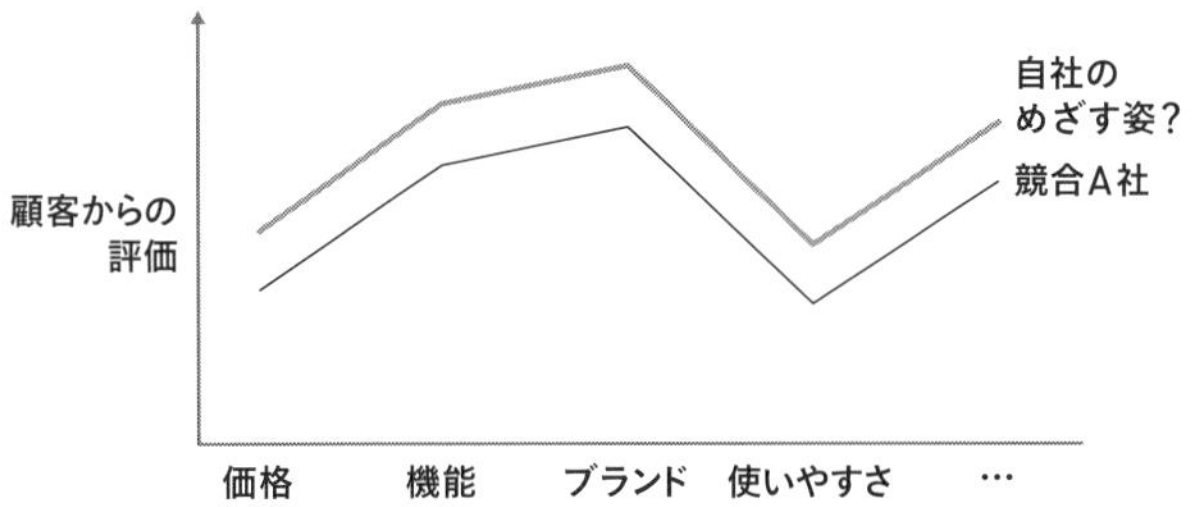

だから当たり前です。競争相手だって真剣に取り組んでいるわけです。「研究所で検査すると勝っている」かもしれませんが、顧客から見たら同じですし、モノマネですから技術者も面白くないし、自分たちの商品に誇りも感じられない。坂根氏の指摘する「平均点主義」です。そして、その背景にあるのは（日本の教育業界でもそうですが）弱点をなくせ、負けてはいけないという発想です。先述の「損して得取れ」の真逆です。

その意味で、「ダントツ経営」の肝は、「ダントツ」よりも「犠牲」という言葉です。「最初に何を犠牲にするか」を決めることによって、その分の資源を「ダントツ」に振り向けられるのです。別のところで坂根氏が指摘するのは、「負けてもいいということは、トップしか言えない」という点です。この資源配分のトレードオフこそが、「戦略的」なのです（図表1-3）。

逆に言えば、「犠牲にする」ところが決められない限り、ダントツに勝つところも作れません。せっかくいい人材、技術がありながら、国内あるいはグローバルな競争に負けて埋もれていく企業は、そうした「機会損失」が見えていないのです。

図表1-3 ダントツ経営の考え方

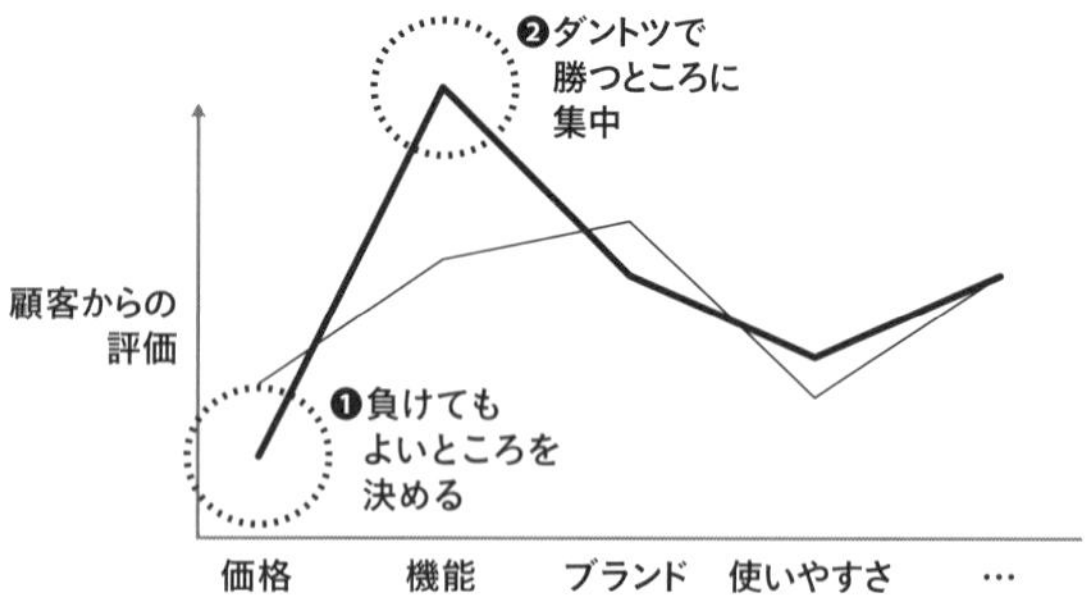

実は、「戦略的な事例」は身近にもよくあります。端的な例を一つ挙げれば、通勤電車です。人よりも、一時間か三〇分早く起きれば、ずっと空いた電車で気持ち良く通勤できるのに、なぜみんなが満員電車に乗っているのでしょうか。「いやわかっている、でも……」ですよね。もちろん、すべての人が同じように考えて同じように行動すれば、ラッシュが一時間早まるだけなので、かえって遅く行ったほうがいいことになります。

「将を射んと欲すればまず馬を射よ」という言葉も、まさに戦略的の意味を体現していますし、「自分から挨拶をしろ」「Seek first to understand, then to be understood」「Give & Take ではない。Give, Give, Give & Take だ」とか、実は「戦略的」であることを言い換えた言葉は数多くあります。

その意味で、「戦略的」というのは、組織にせよ個人にせよ、思ったより簡単です。ただし、みんなができるかというと、そうではないのがまた現実です。二〇一八年の平昌《ピョンチャン》オリンピックで六六年ぶりのフィギュアスケート連覇を成し遂げた羽生結弦選手がまさに「捨てること」の覚悟を試合後のインタビューで語っていました。

連覇のためだけに幸せを全部捨てようと思いました。普段のこととか、考え方です。「あ、今この幸せいらない」とか。身近にあるものをすべて捨て去ってきた感じです。

……………

勝つことの大切さを知るからこそ言えるのでしょう。自分が、自社が本当に勝とうと思ったら、競争相手はそうした覚悟で向かってきていると考えたほうがよいと思います。

戦略的＝思ったより簡単。でも、できない組織、個人が多い。

4

3Cと機会損失①——レッドオーシャンへの甘い期待

もう一度、戦略の議論に戻ります。

戦略立案の一般的アプローチは「3C分析」、つまり、顧客（Customer）、競合（Competitor）、そして、自社（Company）の分析から始まります。

顧客で言えば、セグメントごとのニーズ、購買行動の違いや成長性を分析することを通じてターゲット顧客を検討する（そもそものセグメンテーション自体も、非常に重要な要素です）。

競合に関しては、その強みと弱み、そして今後の動向などを調査する。特に、業界の垣根が非常に曖昧になりつつある現在、これまでの競争相手と今後の競争相手が必ずしも同じでないことにも気をつけなくてはなりません（たとえば、デジタルカメラメーカーの競争相手とは？）。

さらに、戦略の定義のところで申し上げたとおり、差別化をするためには自社にどのような資源があり、どのような強みがあるのかをはっきりさせるのは当然です。

こうした3C分析を踏まえ、「顧客ニーズがあって、自社はそのニーズに応えることができるが、競争相手は手を出せない」エリアを見つけることこそが戦略経営であると言ってもよいでしょう。先述の言葉を使えば、「ダントツ経営」ということですし、これも流行りの言葉で言えば、「ブルーオーシャン戦略」です（図表1-4）。

しかし、現実はそんなにうまくいくものではありません。ブ

図表1-4 3C分析と戦略経営

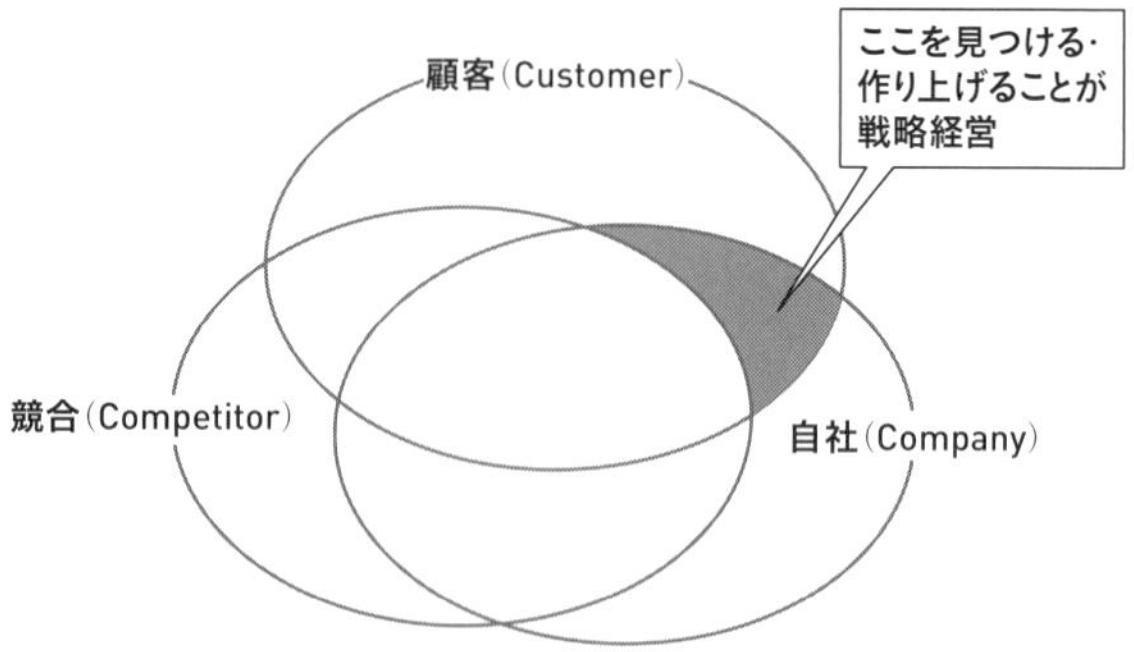

図表1-5 実際の戦略経営

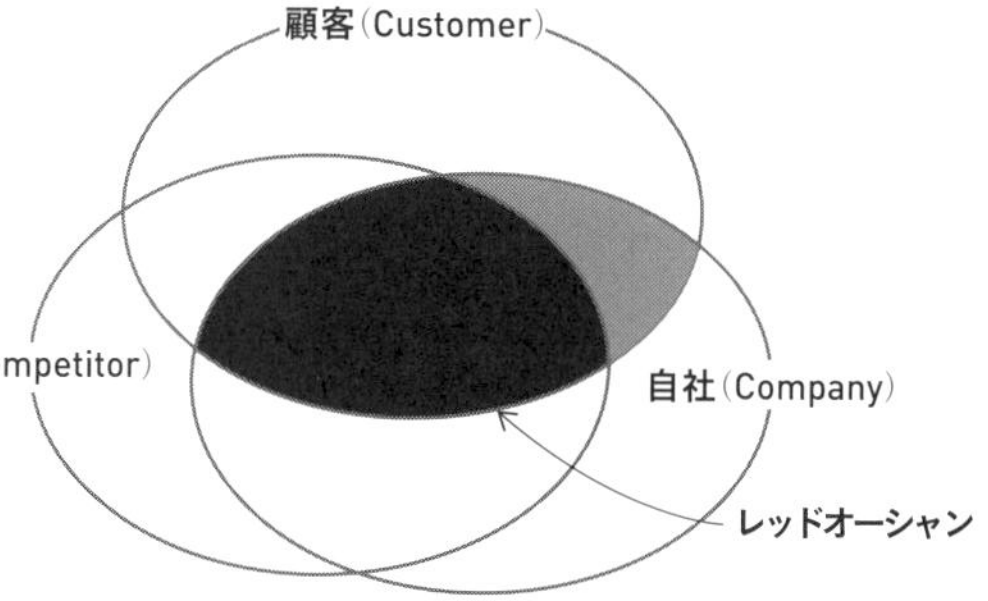

ルーオーシャンがあっても、市場規模としてはとても限られていたり、成長性が望めなかったりすることは少なくありません(だから、競合も参入しないブルーオーシャンであるのです)。

したがって、その隣、つまり競合もいるが、市場も大きくて、自社でもそこそこやっていけそうな資源があるエリアに経営の目はどうしても行きます。ECだ、フィンテックだ、AIだ、というのはまさにそうでしょう。

しかし、戦略の定義の逆で、「差別化」ができないときに起こるのは同質化、したがって価格競争です。広大な血で血を洗うレッドオーシャンが広がるのです(図表1-5)。結果として、投資をしているのにもかかわらず儲からない、あるいは、社員が疲弊してレッドどころかブラック(企業)と呼ばれたりします。

「あるある」話だとは思いますが、もう一度考えてみましょう。

戦略や戦略的とはどういう意味かと議論をしてきましたが、今どきの経営者が全くわかっていないことはまずありません。MBAもこれだけ人口に膾炙《かいしゃ》し、「戦略本」も巷にあふれる中で、なぜ「差別化」と真逆なことが起こってしまうのか。

「日本市場は成熟しているのだから、レッドオーシャンでも入っていかざるをえない」というのはきれいな答えです。ある意味でそのとおりでしょう。しかし、より本質的な答えとしては、「レッドオーシャンかもしれないけど、市場は大きいのだから、何とかなるのでは?」という、楽観的な期待ではないでしょうか。そこに「目に見える」市場があるのだから、せっかくのチャンスを逃す必要はないという表面的な「機会損失」が頭をよぎり、短期的な衝動(株式市場からのプレッシャーを含めて)で、「第二の柱」なんてぶち上げるパターンです。

結果として、本来ならばブルーオーシャンへの投資に使うべき資源(特に人材)がレッドオーシャンに大量投入され、消費され、何も残らないという、本当の「機会損失」が起こるのです。ブルーオーシャン作り、あるいは、その拡大が「見えない」からといって、大切でないわけではありません。その逆なのです。

見える「既存市場」=レッドオーシャンへの投資は、本来投資すべきブルーオーシャンへの資源を枯渇させる。

5

3Cと機会損失②――自分のことが一番わかっていない

もう一つの、より本質的な理由は「自分、自社のことがわかっていない」ことです。

確かに、市場環境、競争環境はグローバル化やインターネット、スマートフォンの急速な普及で大きくかつすごいスピードで変わっています。しかし、たとえば大手企業の経営企画部の方と話をすると、そうは言いながらも「精緻華麗な市場分析」や「精緻華麗な競合分析」があります。だいたい、「精緻華麗な中期計画」はそうした二つの分析に基づくものです。

しかし、驚くほどない（というよりは、あまり時間やエネルギーが使われていない）と思うのは「自社の分析」です。もちろん、売上やコスト構造、他社に比べて生産性が高いとか低いとかという分析はあります。最近では、人口構成がワイングラス型になってきており、次代を担う経営人材が不足しているとか、強化しなくてはならないとか、それに輪をかけて介護離職が問題といったこともしばしば聞きます。

しかし、戦略の基本、つまり「どのような資源・能力があるか」、さらに言えば、「強みは何か」という点については、きわめて浅い分析にとどまっているのが現状です。

「いや、そんなことはない」と言われる方も多いかもしれません。自分の胸に手を当てて考えてみてください。

- 当社の強みは何か？
- （先述のコマツの例で挙げた）「負けていいところ」「ダントツで勝つところ」は何か？
- 顧客に当社を選んでいただいている「当社ならでは」とは何か？

いずれも、「戦略」を考える際の基本中の基本だと思うのですが、「これだ」と明快に即答できる方は、どれくらいいらっしゃるでしょうか。実際に多くの企業の幹部クラスの研修を行っていても、「自社の強み」については、半日どころか一日かけてもはっきりしないということがままあります。

最初は、「技術力」「○○分野のノウハウ」「顧客囲い込み力」なんていうことが出てくるのですが、よく考えて「本当に競争相手は真似できないか？」とか「顧客は本当にそれを見て選んでくださっているのか？」なんていうことを議論し始めると、議論は拡散に次ぐ拡散、最終的には「あまり当社にダントツといってよい強みはない」なんていう結論になったりします。

実は、これは日本企業だけの問題ではありません。ハーバード・ビジネススクールのシンシア・モンゴメリー教授はその論文「戦略の核心」で、あまりにも基本的でエグゼクティブが答えられない質問として、次の三つを挙げています。[3]

- もしあなたの会社がなくなったら、誰が困るか？　それはなぜか？
- 同じく、一番困る顧客は誰か？　それはなぜか？
- どれくらいの時間で、あなたの会社の代わりとなる企業が現れるだろうか？

考えてみてください。昔から「日本企業（当社）は人を大切にする」なんてよく言われていました。提供するハードのないサービス・金融業であればもちろん、メーカーであっても、すぐにコピーをされてしまう競争環境では、いかに一人一人の社員が創造的なアイディアを持ち、顧客に対してより高い価値を提供できるかが勝負である……といった話です。

しかし、そのわりには、たとえば一人一人の社員がどのような思いで入社しており、本当に今の仕事や会社の将来に満足しているか（していないか）、キャリアと成長のためにはどのような個別プログラムを組んだらよいのか、などに対して、どれだけ会社が時間と

(3) Montgomery (2008).

資源を使っているでしょうか。
ある超大手の企業では、部門を越えたプロジェクトがよくあるということですが、プロジェクトに必要な経験と能力を持った社員を集めるために、毎回苦労しているという話を聞きました。主要社員の情報くらいは、データベースか何かに一元管理されていそうなものですが、全くない。

ですから、任命されたプロジェクトリーダーが（そもそも、プロジェクトリーダーの任命もそうですが）同期や過去のメンバーに電話をかけまくって、何とか集めるということを毎回やっているとのことでした。いかに自社のことを知らないか、そして、結果として非効率的かというのは当然ですが、見えない機会損失も膨大なものがありそうです。

「見える」や「知っている」範囲でのメンバー選びでは、「見えない」もっと良いリーダー、メンバーが埋もれているかもしれません。あるいは、経験は乏しいかもしれないけれど、そうしたプロジェクトをなんとしてもやりたいという情熱を汲み上げられることもないでしょう。もしかしたらプロジェクトの成否は、そこで決まっていたかもしれないのです。

実際、社員満足度調査をする企業は増えてきましたが、使い方もよくわからず、「やって終わり」、あるいは「大変満足、まあまあ満足の上位二項目の比率が多いから大丈夫」といった間違った理解で本当の問題を見損ねているところも多いですし[4]、そもそも、そうした満足度調査が、人材育成や会社の競争力にどのようにつながっているかを明確に理解している企業は、きわめて少ないと思います。

あなたは、自分の部下の家族構成くらいは当然ご存じだと思いますが、部下がどのような「夢」を持っているかをご存じですか。過去にどんな仕事に感動し、どんなときに悔しいと思ったかを知っていますか。そんなことも知らずに「動機づけ」なんていう話ができるのでしょうか。

私は慶應ビジネス・スクール（KBS）で欧米・アジアの交換留学生とKBS学生の混成の「不確実性と組織のマネジメント（Uncertainty and management in organizations）」というクラスを英語で教えています。

そこでの大きなメッセージの一つは、「不確実とか、将来がわからないとか外部ばかりに目がいく場合が多いけれど、本当の uncertainty は自分の会社の中にあることが多い」ということです。一見、環境変化の荒波に揉まれて難破してしまったようなスタートアップも、実は内部での仲間割れや意見・方向性の食い違いが最も大きな原因であることは少なくありません。

（4）詳しくは、清水（二〇一六）の第一部「書籍篇」の第三章をご参照ください。

機会損失は、外部環境のせいだけでなく、内部（自社、自社員）のことを十分知らないことによって起きることが多い。

6

戦略という名のリスト

次章とも関係しますが、この章で申し上げておきたいのは「戦略はやりたいことのリストではない」ということです。優先順位もなく、あれもやりたい、これもやりたいと並べてあることを英語では「洗濯物のリスト（laundry list）」と呼びますが、「中期戦略」と言いながら、そうなっていないかをもう一度考えてみる必要があるのではないでしょうか。

政治の世界では、よく「バラマキ」ということが言われます。選挙となれば、政治家と呼ばれる方々が、一生懸命考えているとは思いますが、聞こえがいい言葉、希望の持てそうな公約のリストを挙げるばかりで、その実効性、戦略性を問われることがあまりありません。やりたいことが山のようにあり、そのすべてに少しずつ資源を配分した結果、どれも満足な結果が出ていない。「戦力の逐次投入」は『坂の上の雲』や『失敗の本質』を待たずしても、失敗の王道です。

さまざまな利害を持った国民全体に対して「断腸の思いですが、まずここをしっかりやらないと駄目なのです。必ず良くしますから、お待ちください」と言えるか言えないか。本当はそれが最も近道なのです。

いろいろなことを一度にやろうとし、ヒト、モノ、カネ、そして注意力も分散し、しっかりと管理ができていなかったり、あちらができなければこちらもできないと、無駄なアイドリングを生み出すのは、「全部やっています」と格好をつけることから生まれます。

優先順位をつけるということも、「リスク」であることは間違いありません。もし、後回しにして問題があったらどうするか。そのリスクを避ける（短期的に）最も有効な方法はリストにあるすべてのことに「何がしか」手をつけることでしょう。

本当に必要な結果は出なくても、「やった」という証拠が欲しい。機会損失がどれほど大きくても、それは「見えない」のです。その意味で「国民の皆さまの声に応える」と言えば聞こえはいいですが、政治家としての見識も想像性もありません、という白状にしか聞こえません。

なぜ政治家なのか、なぜリーダーなのかを問われれば、本当に重要な中長期的な目的を達成するために「やりたくないこともやる」「やりたいこともやめる」ことが必要であることをしっかりと構想し、説明・説得する役割を担うからではないのでしょうか。

衆愚政治に委ねることが民主主義とはとても思えません。ＥＵの存続・離脱に関してイギリスのキャメロン元首相が「『責任を取りたくないので、あとは国民投票で』と逃げた」

と非難されるのは当然だと思います。

リーダーとは、目の前にある課題ではなく、見えない課題にこそ取り組まなくてはなりません。それができないのは、傷つくことが嫌で勝負を避けるへっぽこ侍と同じです。肉を切らせなくてもよいのなら、そんな楽な仕事はありません。リーダーとは、そういう楽な仕事ではないはずです。


戦略とは、やりたいことのリストではない。

リーダーの仕事は、目に見える課題ではなく、目に見えない、より重要な課題にフォロアーを導くことにある。

第Ⅱ部

意思決定プロセスにかかわる機会損失

私たちが経営者たちによく言うのは、何でも計画したいという誘惑に勝てということだ。ほとんどのプランは細かすぎるし、そうしたプランを立てると、ここまで細かく見たのだから大丈夫という幻想に陥って、計画外のことが起きても気づかなくなってしまう。

危機に際して、リーダーは行動するために考えるのではなく、考えるために行動しなくてはならない。

——カール・ワイク

第2章 計画と機会損失

1 計画作りの弊害

戦略とは将来に関する計画です。ただし、計画がすべて戦略ではないことはすでに申し上げたとおりです。「戦略作り＝中期計画作り」という誤解はしばしばあるようですし、その背景にあるのは、「情報をしっかり集めて、しっかりとした計画を作ることが成功の鍵である」という思い込みです。

旅行だったり、お金の使い方については、「計画的」であることが最重要です。旅行の計画作りに使う時間を別のことに使うかどうかは、そもそも人生の中で旅行がどのように位置づけていられるかということですが、旅行自体を目的とした場合、飛行機の乗り継ぎとか、どこに泊まるかとか、前もって計画しておかないと大変なことになります。

逆に、なぜ旅行であれば計画が大切かといえば、すでにいろいろなことが決まっており、そこから選び取るだけだからです。飛行機や電車はスケジュールがあります。どんなホテルがどれだけあるかもわかっています。さまざまな観光施設も営業時間や休業日が決まっています。その中で、時間をどう割り振るかが計画です。もちろん、計画しないのが楽しいという人もいます。

一方で、戦略を考えると、決まっていることはむしろ少ないといってよいでしょう。市場規模が大幅に変わるということはないにしても、技術面での変化、顧客ニーズや購買予算の変更、競争相手の施策の変化、あるいは、全く知らなかった競争相手の登場など、「変わることがないのは、環境は変わるという事実だけだ」と言われるほどです。さらに新興国では、規制や政府の方針が変わったり、それによる為替の変化など、「不確定要素」が満載です。一生懸命「過去」の情報を集めて、一見すると精緻華麗な計画を作っても時間の無駄ではないでしょうか。

それでも、多くの企業は「中期経営計画」を作ります。当然、成長率、コストなどに多くの前提を置かなくてはいけません。確かに、五年間の売上、利益、キャッシュフローが精緻華麗なスプレッドシートにあると、なんだか成功できそうな気がしますが、そもそもその前提が「予測」なのですから、計画は変わって当然ですし、むしろ計画どおりにいくほうがおかしい。

それでも（一時期の日産自動車も含め）、「戦略立案に九〇%の時間をかけて、実行には一〇％しかかけない」企業、さらにPDCAと言いながら、PDPDはまだ良いほうで、PPPPという企業は結構たくさんあります。定量化すれば客観的で成功しやすい（失敗しても言い訳しやすい？）という思い込みもあるでしょう。

実は、こうした中期経営計画、あるいは戦略計画の弊害については、すでに何十年も前から「本当に価値があるのか」という指摘が根強くあります。IBMを立て直したルイス・ガースナー氏は、マッキンゼーのコンサルタント時代の一九七九年に「中華のディナーと同じだ。食べたときはお腹いっぱいだが、しばらくすると何を食べたか全く覚えていない」などと言っているくらいです[1]。

もちろん、後述のように、計画がすべて無駄というわけではありませんが、どれだけのコストやエネルギーをかける価値があるのか。特に組織の中でも優秀だといわれている企画部門の秀才を何カ月も「計画作り」という名の、実は政治的な社内調整に没頭させる価値が本当にあるのでしょうか。

東芝のウェスティングハウス買収に関する報道を見ていると、そもそも無理な計画を立て、無理な計画を実現できているように見せかけるために、泥沼にはまっていく様子がありありと見えます。わかりやすい一方、ここまで計画が乱用、あるいは悪用される背景に対してもう一度考えざるをえません。

その意味で、機会損失という視点から経営計画策定（その中には「戦略策定」と呼ばれるものも含む）を見た場合、いくつかの重要な論点があることがわかります。

①そもそも計画作りにかけた労力を他に使ったり、あるいはある程度のところでやめて実行に移したほうがはるかに良い情報、結果が得られたのではないかという単純な機会損失の可能性。

そして、さらに深刻なのは、「これだけ時間とエネルギーを使ったのだから」ということで、

②計画ができた時点で安心してしまい、実行に対してエネルギーが残っていなかったり、実行は（手をかけなくても）必ずされるものだと誤解する。

③計画が「聖域」化され、環境が変わり、計画時の前提が変わっているにもかかわらず、「計画どおりにしないといけない」ことが社内に強迫観念のように浸透し、メーカーであれば、問屋に押し込み販売のようなことをして「数字を作る」、あるいは最悪の場合、粉飾をする。

（1） Gerstner (1973).

④さらにその反対として、計画以外の「チャンス」があっても気に留めないために、機会損失が起きる。

こうした①～④の問題を深掘りする前に、なぜそれでも、これほど「計画」が多くの、しかも優秀な人材も豊富な企業でいまだに幅を利かせているのかについて考えてみます。

2

プランニングの三つの誤解

マギル大学のヘンリー・ミンツバーグ教授は「計画」が過大評価されてしまう原因として三つの誤解を指摘します。[2] 戦略プランニングにせよ何にせよ、「計画を作る」ことにはいくつかの前提があり、それが当てはまる場合と当てはまらない場合があるわけですが、そうした当たり前の点が見逃されてしまっているというのです。私も同意見です。[3]

まず、一番目は「予測可能という誤解」です。これは、単に将来が予測できるということだけでなく、決まった時点で予測ができるという点を含んでいます。「戦略プランニングは、ある計画が策定されている間、世界は変化をせず、その計画が実行されている間も、想定どおりに進むことが前提となっている」ということです。

そうでも考えなければ、「毎年六月一日に戦略案が提出され、一五日に役員会で承認されるという決まったプロセスが存在する」のは説明できません。戦略と恒例の秋祭りの計画は同じでよいのでしょうか。「そう言われれば」と思った方は、だいたい正しいと思います。

実はこのポイントは、コンサルタントたちからも「(本来機動的であるべき)戦略策定がカレンダーに則った年中行事になっていることが問題である」と指摘されています。[4]

さらに、ミンツバーグ教授は、イゴール・アンゾフ教授の「プラスマイナス二〇%の角度で予測が可能な期間をその企業のプランニングの期間とすべきだ」という提唱を「馬鹿げている」(What an extraordinary statement!)と一蹴します。

過去には、こんな偉大な「予言」がずいぶんあります。

> 将来、コンピューターは世界に五台は必要になるだろう。
>
> (Thomas. J. Watson, Sr. IBM, 1943)

(2) Mintzberg (1994).
(3) 清水(二〇〇七b)。
(4) Mankins and Steele (2006).

個人がコンピューターを家庭で持つなんてことはありえない。

(Ken Olsen, DEC, 1977)

これは別の本でも紹介したのですが、ペンシルベニア大学のフィリップ・テトロック教授は「プロの予測・予想」は当てにならないと言い切ります。(5) 彼の集めた八万二〇〇〇以上の政治動向に関する「予測」と「予想」の分析によれば、「プロ」と言われる人たちの予想は、単純に過去のデータを引き伸ばしたものよりもさらに精度が低いことがわかりました。

プロと素人の差は、予測・予想の内容や精度ではなく、「自信を持っているかどうか、理由がたくさんあるかどうか」なのです。さらに面白いのは、そうした「専門家」の多くは自分の予想が間違っていても、考えを変えようとしないということです。テトロック教授は、七つの「言い訳」を指摘します。

①予測の前提とした条件が変わった。
②予想外の事態が起こった。
③ほとんど紙一重で間違った。
④今回は予測したとおりにはならなかったが、予測の基本は間違っていない。いつかは

そうなる。

⑤そもそも政治問題（経営、教育……、何でもよいと思います）は複雑で簡単に予測がつかない。

⑥良い間違いだった（例：ロシアを過小評価するより、過大評価するほうがまだましだ）。

⑦確率の低いことが奇跡的に起こった。

どこかで聞いたこと（あるいは言ったこと）はありませんか。ちなみに、これらの「言い訳」の理屈は予測が間違ったときだけでなく、当たっていたときにも通用するはずですが、当たっていたときには決して使われません。

二つ目の誤解は「detachment」、つまり、「別々のものだと思ってしまう誤解」です。ミンツバーグ教授は切り離されて考えがちなコンセプトとして、「戦略とオペレーション（あるいは戦術）」「策定と実行」「企画策定者と実行者」「戦略家と戦略の目的」を挙げます。その背景にあるのは、戦略プランニングという仕組みさえ作れば、あとはうまくいくはずだという、これまた誤解です。

（5）Tetlock (2006). アマゾンでご覧になればわかるように、この本はいくつもの賞を取っています。

当たり前ですが、「計画」は過去のデータ、あるいは過去のデータに基づく予測・前提からできており、新しい情報、想定外を織り込むことはできません。さらに言えば、「定量化」するためにも、さまざまな前提を置いています。

たとえば、市場規模を考える際に、よくデモグラフィックデータの「三十代女性で年収〇〇万円以上」といった具合に市場をセグメンテーションし、市場規模を測ったりしていますが、「ニーズ」は直接定量化することが難しいので、「そういう層に当該商品・サービスのニーズが多いであろう」という想定の下、定量化しやすい指標を使って代替しているにすぎません。うっかりすると「この女性は四十代だから違う」などという勘違いや手段の目的化が起こります。

もちろん、代替してはいけないわけではないですが、そうしたいくつもの前提が絡み合ったうえでの「精緻華麗な計画」は、一つ一つの変数が少し変わっただけで幾何級数的に結果は変わってきます（「バタフライ効果」というのを聞かれた方もあるでしょう）。

戦略には、意図的に、データに基づいて作られる「deliberate」な部分と、実行の中で新たに発見された事実をもとに偶然的、創発的に決められる「emergent」な部分とがあるのです。

その意味で「実行のために情報を集めて計画を作る」ことは大切ですが、企業戦略など、不確定要素が多い状況では、むしろ「実行をすることで情報が集められる」や「実行をしない限り情報は集まらない」ことが現実です。後述の「リーンスタートアップ」と「A／Bテスト」は、まさにそうした考えに基づいています。

これと関連した三つ目は、「定式化・システム化の誤解」です。システム化すれば情報処理は効率化するという思い込みです。確かにそれは、たとえば変数やアウトプットが決められたオペレーションレベルではいろいろあるでしょう。しかし、戦略レベルでは決して効果がないどころか、事態を悪化させさえするというのがミンツバーグ教授の意見です。

戦略「計画」の三つの誤解
①予測可能という誤解
②実行とは別のものだと思ってしまう誤解
③定式化・システム化の誤解

3

計画と機会損失①——計画好きのMBA

「MBAの学生の創造性は幼稚園児より低い?」と題した、ビジネススクールの教員としてもMBAホルダーとしてもショッキングな記事が、二〇一五年五月に掲載されま

図表2-1 マシュマロ塔の高さ

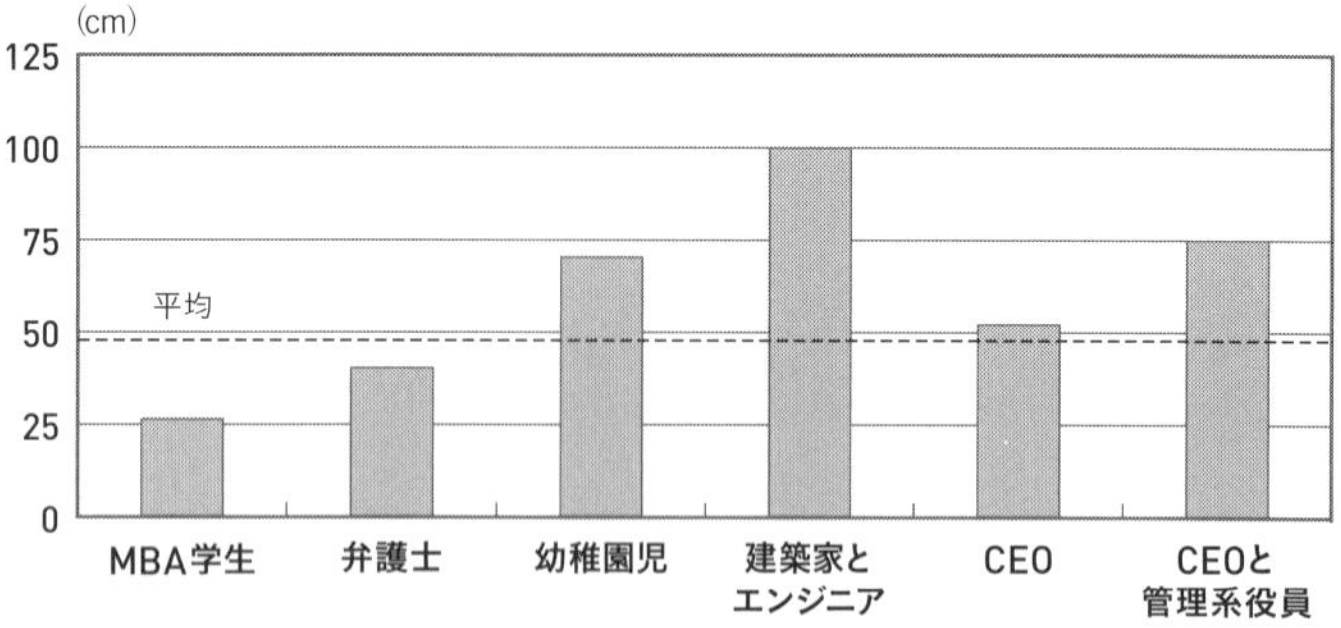

した。[6]

この元ネタは、「マシュマロチャレンジ」として、二〇一〇年にTEDで発表されています。[7] 四人のチームで、マシュマロ一つ、パスタの乾麺二〇本、九〇センチメートルのひも、そして粘着テープで、一八分という時間の中でどれだけ高い塔を作ってマシュマロをてっぺんにつけられるかというものです。

MBA学生だけでなく、弁護士チーム、CEOチームなど、六チームの結果は図表2-1のとおりです（正確な数値は出ていませんでしたので、だいたいのイメージで捉えてください）。

建築家とエンジニアチームがトップというのは良いとして、なぜMBA学生チームは最下位なのでしょうか（MBA学生チームだけでなくCEOチームも、幼稚園児チームに負けているところに注目です）。

一言でいうと、MBAの学生の問題は「正確な計画を作らないといけないと思っている」ので、「計画に時間をかけすぎる」ということです。TEDの動画を見ていただければわかるのですが、一八分のうち、①「課題の確認、主導権争い」（orient）、

②「スケッチを描いたりする計画と準備」(plan)、③「実際に塔を作る」(build)、④「マシュマロをてっぺんに載せ、やったー(またはエー)と叫ぶ」(Ta-da! または Oh-Oh!)という四ステージに分けるとすると、MBAの学生は「計画」に異常に長い時間を使い、時間がなくなって最後の最後にマシュマロを載せるのですが、多くの場合、そこで塔は惨めにも崩れてしまうのです。

第1章でも述べましたが、「計画」や「ロジック」は大切なのですが、不確実性が多いときに、どれだけ緻密に考えても成功するとは限りません。実際、MBAの学生を見ていると「必要のない作業を、何とか効率的にやろうと苦労する」傾向があります。新規事業など、たとえ未知の体験であっても、計画を作りたがってしまうのは、MBA学生だけではないでしょう。

一方で、幼稚園児はというと、何しろどんどん作って、どんどんマシュマロを載せてみます。もちろん初めからうまくいくはずはないので失敗しますが、そこから「こうしたらよいのか」とか「こうしたらダメ」というフィードバックが受けられるので、最後にはM

---

(6) スコット・D・アンソニー「MBAの学生の創造性は幼稚園児より低い?」DIAMONDハーバード・ビジネス・レビュー・オンライン、二〇一五年五月二七日(http://www.dhbr.net/articles/-/3295)。
(7) ぜひTEDをご覧ください。「トム・ウージェック――塔を建て、チームを作る」(https://www.ted.com/talks/tom_wujec_build_a_tower?language=ja#t-353100)。

BA学生が考えに考えた（しかし、実践はほとんどしていない）塔よりもはるかに良いものができたのです。TEDでは「プロトタイプの大切さ」という点を強調しています。

回りくどくなりましたが、メッセージはシンプルです。「知識」と「計画」は重要ですが、「実行」はもっと重要だということです。アイディアを一通り出したら、あとは実行することでしか新たな情報は得られません。特に、新しいこと、先の読めない環境ではそうです（「下手の考え休むに似たり」なんていうことわざもあるくらいです）。

実際のビジネスでも「マシュマロチャレンジ」のように、よくわからないことはいくらでもあるはずです。そのときに、「綿密な計画」や「正確な計画」を立てようとすると、そもそも時間が膨大にかかりますし、さらに悪いことに、膨大に時間をかけて作った計画はまず当たりません。「せっかく作った計画」を実行しようと無理をすれば、世の中から取り残されるか、顧客からそっぽを向かれるか、その両方かのいずれかです。

「危機に際しては、リーダーは行動するために考えるのではなく、考えるために行動する必要がある」とは社会学の泰斗、ミシガン大学のカール・ワイク教授の言葉です。

計画と機会損失①
計画作りに時間や資源を取られ、実行ができなくなる（遅れる）。結果として、本当に重要な情報が得られない。

4

計画と機会損失②——計画に安心する

「計画」の問題は、役に立たない計画に（本来より重要な実行などに使うべき）膨大な時間やエネルギーをかけてしまうことだけでなく、それだけのエネルギーを使ったのだからすごく役に立つ計画ができたはずだ、という思い込みが生まれることです。

結果として、計画から外れた事象や情報を無視したり、計画どおりにいかないと、「顧客がわかっていない」などと、現実のほうがおかしいと言い出すことまであります。

その背景にあるのは、計画に対する（根拠なき）過信です。過信は計画作りに資源を投下すればするほど高まるので、機会損失の悪循環です。これは「仮説」にもほぼ同じことがいえ、「いったん作ってしまうと捨てられない」とか「仮説をサポートするデータばかりを集めてしまう」という意味での副作用にも注意が必要です。

これは心理学でいう保有効果（endowment effect）です。ダニエル・カーネマン教授流にいえば、「何が参照点＝デフォルトになるか」が意思決定に大きな影響を及ぼしており、「どちらでもいい」ような選択でも、いったん決めると変えたくなくなる人の性向を示します。そう考えると、復縁を持ちかけた相手に対して、「もう決めたことだから」と突っ張る気持ちもわかります。

話がそれましたが、実はこうした「計画への過信」と同様な事例は、もっと身近なところでもよく見られます。いわゆる「マニュアル人間」です。マニュアルに書いたとおりにやればよい、あるいはそれが免罪符になる。本来しなくてはならない目的を忘れて、紙に書いてある（最近はオンライン化されているかもしれませんが）、指示どおりに動くという、本来は手段であるはずのことが目的化される状況です。

「決まりですから」という拒絶の言葉は、何も知らないアルバイトにとっては仕方がないのかもしれませんが、全社が顧客に対してそういう姿勢であるとすれば、マニュアルや計画が「思考停止」の原因になっているとしか思われません。

そして、「思考停止」になってしまうので、何でもかんでもマニュアル化しなくてはいけない。本来「顧客の価値」を考えれば容易に判断できるようなことまで一つ一つ規定する、何か新しいクレームが起きる度にマニュアル化する結果、マニュアルが何千ページにもわたるという企業も現に存在します。これも悪循環です。当たり前ですが、そんな何千ページのマニュアルは誰も見ていない。こんなに時間を使ってマニュアルを作っているのに、社員はなぜミスをするのか……。現実を知らないかわいそうな経営陣の悲鳴が聞こえてきそうです。

マニュアルとは、目的を達成するための現段階でのベストの仮説にすぎないことを誰かが教えてあげないといけないのです。だからこそ、無印良品ではあんなに頻繁にマニュアル改定が行われるのです。
少し文脈は違うのですが、東日本大震災の反省と関連して、畑村洋太郎先生が「今後津波に備えるために高い防潮堤を作ることが、本当に津波対策としていいのかわからない」とおっしゃっています。(8)

「えっ、何?」と思われるかもしれませんが、要は「高い防潮堤を作ると、みんな安心して、津波警報が出ても逃げなくなる」ということです。実際、地震後の津波に対して消防団から避難勧告が出されたのですが、素直に避難したのは過去に被災経験がない人、よそから引っ越してきた人たちで、防潮堤の内側の人たちは、「自分たちは守られている」と思い込んでいたために、逃げ遅れた人もずいぶんいるらしいのです。

こんな事例もあります。東日本大震災の後、原子力発電に関するさまざまな記事、事件がマスコミを賑わせましたが、その一つです。(9)

一九九九年九月、茨城県東海村で臨界事故が起きた際、首相官邸で耳にした言葉に慄然とさせられた。「全く想定していない事故。打つ手はありません」。政府対策本部

(8) 畑村(二〇一一)。
(9)「風見鶏――減災への歯車を回す時」『日本経済新聞』二〇一一年五月一五日。

の席上、発言したのは当時の原子力安全委員会のトップだった。…（中略）…対策本部は有効な手立てを打ち出せず、現場でＪＣＯ社員による「決死隊」が編成された。命懸けの作業の末に臨界反応は何とかほぼ一日で収まった。

……………………

「想定内」であれば、リーダーは必要ありません。「事故対応マニュアル」か何かに沿って、想定されたように粛々とやればよいだけです。リーダーとは、想定されない事象に対応するためにあることを知らずに「トップ」になっているとは！　任命する側も、される側もずいぶんお気楽です。

その意味で「準備」や「計画」は、「安心」だけでなく「油断」も生んでしまうのです。逆に言えば、現実から目を背け、「希望的解釈」になってしまうということでしょう。結果として、なぜそういう「想定外」のことが起こったか、どうしたらよいのかという想像力も実行力も生まれません。

計画と機会損失②

計画に安心し（過信し）、目的を忘れ、現実を直視できず、思考停止に陥る。

5

計画と機会損失③——計画の聖域化

計画が多くの前提の上に成り立っているとすると、それはあくまで「目安」にすぎず、社員やその他のステークホルダーとの「コミュニケーションツール」としての役割が重要なはずです。

しかし、現実には「中期経営計画」を発表すると、それが投資家の企業の業績評価の重要な材料になり、株価が上がったり、下がったりということはよくあります。実際、最も株価が反応するケースの一つは、決算数値が計画より上振れしたり、下振れしたりするときです。極端に言えば、たとえ営業利益が前期比二〇%アップしたとしても、計画では二五%増だったとすると株価はドカンと下がります。

現実に考えれば、そうした株価の上がり下がりはマネーゲームの一環であったり、そもそも株価に織り込まれた高い業績評価が、現実を反映して調整した（つまり、適正な価格に戻った）だけかもしれないのですが、そうした株価の変動、（モノを言う）株主の動向に異様に過敏になる経営陣も見られます。

以前にケースを書かせていただいたとき、ドリコムの内藤裕紀社長は二〇〇六年の東証マザーズ上場時に買いが殺到して初日は値がつかず、上場から三営業日目に公開価格七六万円の四倍を超える初値三四七万円をつけ、五六二万円まで上昇したとき、「いま考えれば、勝手に思い込んでいたが、当時は期待に追いつかなければいけないんだ、応えないと取り残されてしまうのではないか」と強く感じていたと話していらっしゃいました。

市場に翻弄され、半ば自分を見失う感のあったドリコムは、その後、株価が二八万円まで下落し、倒産の危機を迎えますが、「ドリコムリバイバルプラン」を経て、より安定した会社に脱皮しています(10)。

アメリカでも、最近でこそ少なくなりましたが、ウォールストリートでは四半期ごとの決算で「計画された利益を毎回一セント上回ることが望ましい経営」とされていた時期は長くありました。ハリケーンや大雪など全く予測できない自然現象にも大きく業績が左右されるはずの損害保険会社ですら、そうした「一セント上回る」ことを続けていたという、本来ありえないことも普通にあったという事実もお伝えしておきます。

結果として起きるのが、そもそもの目的を達成する道筋、仮説を示すにすぎないはずの計画が目的化することです。「計画どおりにしないといけない」ことが社内に強迫観念のように浸透し、メーカーであれば問屋に押し込み販売のようなことをして「数字を作る」ことが起きたり、あるいは最悪の場合、粉飾をして計画の達成を守ろうとすることです。

こうした意味のない作業が、どれだけの副作用をもたらすか、あるいは会社自体の存続を危うくするかは、考えてみれば誰でもわかりそうなことですが、それでも、「計画を達成するために何でもする」的な会社が後を絶たないのはなぜかというのは、本当に自分の胸に手を当てて考えなくてはならない問題です。

同じような事例は、最近頻繁に報道される「データ偽装問題」に見て取れます。社内の規定に達しない品質の商品を顧客企業に納入していた事実が立て続けに起き、日本の製造業はどうなってしまったのかとか、ひどい記事になると「多角化がタコツボ的な組織を生んだ」などと指摘します。私もこうした点に関していくつか取材を受けました。[11]

記者サイドは、どのようにして「管理を強化すべきか」とか「JIS規格をどのように変更したら良いか」という点を聞きたかったようですが、私から見る限り、これは「規格」や「管理」の問題ではなく「姿勢」の問題であると申し上げました。[12]

もちろん、管理が必要なのは当然です。しかし、ハッカーと同じで偽装をしようと思う担当者はその穴を見つけてくるわけですから、そうした穴をくぐり抜けたものだけが偽装として成立します。穴をなくそうとして、がんじがらめに管理をすること自体も難しいですが、その結果、現場の自由度、創造性を失わせたりする「機会損失」を生み出すこともあります。

(10)「株式会社ドリコム(A)」慶應ビジネス・スクールケース教材、二〇一三年。
(11) たとえば、「JISの『トクサイ』隠れみのに」『日経産業新聞』二〇一七年一二月二八日。
(12) 二〇一八年二月一五日の日本経済新聞に載った東芝新CEOに就く車谷暢昭氏のインタビューでは、そんな言葉は一言も使われていないのに、「各部門の管理課題」という小見出しがついていました。

少なくありません。
そもそも、なぜ「偽装」をしようと思ったのかと考えれば、それは計画の聖域化であり、自分の仕事の達成度や誇りよりも「数字」が重視されるという企業文化であり、少なくともそうした思いを現場が持っているということを理解できなかったトップの想像性の欠如であると思われてなりません。
その後、先述のコマツの「ダントツ経営」のことを確認していたら、次のような記事に出会いました(13)。

河合さん(引用者注:河合良成元社長)は私たち技術陣に「JIS(日本工業規格)とコストを無視しろ」と言った。すなわち「JISに満足していてはダメだ。品質最優先でもっとレベルの高い自分たち独自の規格を作れ」と指示を飛ばした。「JISを守っていれば、まあ合格点」。それが常識だった時代に、河合さんのメッセージはみんなをびっくりさせた。

東芝の場合、株式市場のプレッシャーだけでなく、社内での権力闘争、さらには経団連のポストがどうのこうのという要因がさまざまに絡まり、「聖域化」というよりは「政治の道具」としての位置づけが高かったのかもしれません。

逆に言えば、「計画」、特に「経営計画」は、中身は「目安」であっても、しばしば強力なパワー（あるいは拘束力）を持つことに気をつけなければなりませんし、逆に「計画との乖離なんて大したことないんだと見切る」ためには現場の力をよくわかっていなければなりません。自分と自分の組織に自信がないとき、組織は政治に蹂躙《じゅうりん》されます。

計画と機会損失③
本来は手段であるはずの計画が聖域化、目的化され、本来の目的達成にそぐわない資源配分がなされる。結果として、単に「無理をする」だけではなく、現場の達成感や仕事への誇りも失われる。

6

計画と機会損失④——チャンスへの感度の低下

ここで、「想定外」という点についてもう少し考えておきたいと思います。東日本大震災以降、まるで流行り言葉のようにあちこちで使われました。いわく、「津波の高さは想

(13) 坂根正弘「私の履歴書」『日本経済新聞』二〇一四年一一月九日。

図表2-2 「想定外」の分布

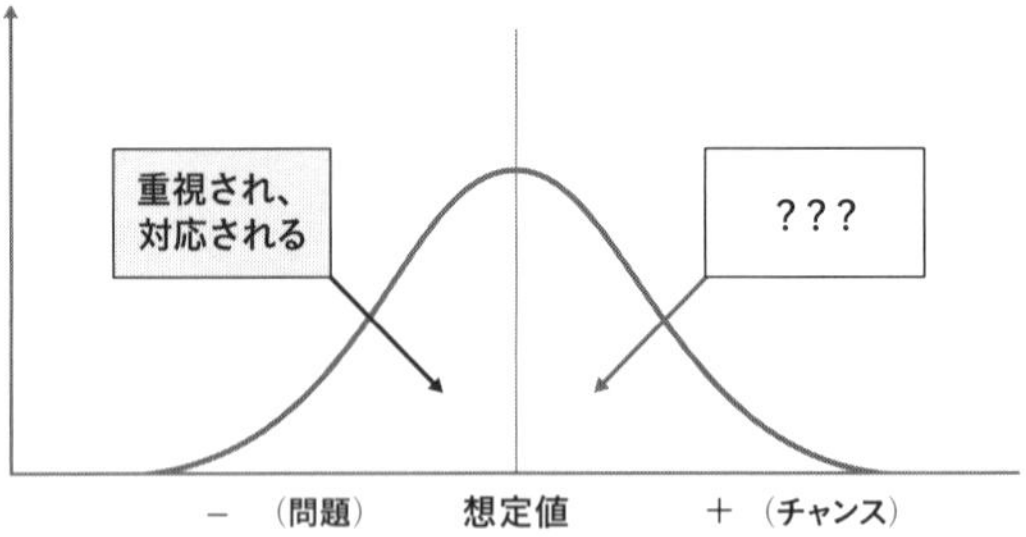

定外だった」「原子力発電に関して、想定外という言葉を使ってはならない」などなど。最近では「ここまでの円安は想定外だった」などという発言も聞きました。

マスコミなどでよく耳にする言葉ですが、どんな場面に「想定外」という言葉が使われるかに頭をめぐらせてみて、何か違和感はないでしょうか。そうです、「想定外」という言葉が使われるとき、「想定外に悪い」という意味で使われることがほとんどです。しかし、誰も気にしないようなのですが、「想定」を中心に置けば、必ずしも正規分布になるかどうかはともかく、「想定外に良い」ことも起きているはずですが、それはどうなっているのでしょうか（図表2－2）。

スタートアップの成功企業を見ていても、成功しているのは「想定外の問題がなかった」企業では決してなく、多くの想定外の問題に悩まされながらも、人との出会いを含めた「想定外のチャンス」を生かした企業であることがほとんどです。

「想定外にどう対応するか」とは、もちろん、「想定外の問題」にどう対応するかも重要ですが、「想定外のチャンス」をどう生かすかも同じくらい重要なはずです。

ところが、私たちはどうしても「問題」に目が行きがちです。サッカーとよく似ています。ディフェンスが失敗して一点取られると、大騒ぎ。ディフェンスはみんなに責められます。ところが、フォワードが失敗してゴールを外しても「惜しかった」ぐらいで終わることは多くないでしょうか。同じ一点にもかかわらず。

実は、「チャンスより問題に目が行く」こと、もっと一般化すると、「得よりも損が気になる」のは、人間の本性に根差していることを証明したのが、ダニエル・カーネマン教授がノーベル賞を取った「プロスペクト理論」です。そもそも、野生の中で生き残るためには常に危険や問題に対して敏感でなくてはならないという、太古の昔に備わった性向から人間は逃れられないのだと指摘する研究者もいます(14)。

会社の歴史を振り返ってみれば、「チャンスをみすみす逃した」ことは、結構あると思います。しかし、ミスをして得点されたディフェンダーは強く記憶に残っていても、決定機に得点できなかったフォワードがあまり気にされないのと同じように、「チャンスを逃したこと」はあまり考えられていないのが現状ではないでしょうか。

たとえば、中国で今年、売上が二〇%アップした。すごい、やったーと喜ぶわけですが、

(14) Herbert (2010).

実は市場は五〇%成長していて、欧米の競合他社の売上は軒並み五〇%以上伸びているかもしれません（これは、「プロスペクト理論」の参照点の問題とも関係します）。既存顧客が他社に取られると大騒ぎしますが、本来なら取れて当然の新規顧客を逃しても「惜しかった」とか「頑張ったのだから仕方ない」なんて済ますのも同じことです。

後でもう少し詳しく触れますが、ランカスター大学のヘルガ・ドゥルモンド教授は、「多くの組織では想定外のチャンスを生かすよりも、予算が計画をオーバーすることにより敏感に反応する」ため、赤字を出すとチャンスがある事業でも、早めに損切りする傾向があると指摘します。この点は後ほど、この正反対のコンセプトである「エスカレーション・オブ・コミットメント」と合わせて詳しく触れます。

ちなみに「問題を解決したリーダーは評価されるが、そもそも問題を未然に防いだリーダーはあまり評価されない」という論文もあります[15]。あなたの会社では、そうした「目立たないけれど、めちゃめちゃ重要な（空気のような）プレーヤー」の価値を十分わかっているでしょうか。結果は「想定内」だったとしても、現実は「想定外」の連続であったかもしれないのに、そうしたプレーヤーの地味な活動で何事もなかったように組織が動いていることは少なくありません。

計画とは異なった「想定外のマイナス」に気を取られ、「想定外のチャンス」を見逃してしまう。

7

計画しすぎない

カルロス・ゴーン氏が何年か前に慶應ビジネス・スクールに来てくださったときに、たまたま私が司会をしたことがあります。そのときにゴーン氏がMBA学生(および卒業生)に強調されていたことの一つに、「計画しすぎるな」というポイントがありました。

世の中では、そしてMBAを取るような人たちの間は、特に「計画的であること」や「オーガナイズされていること」が重要だと思われています。もちろん、計画的でないよりはあるほうがよいですし、オーガナイズされていたほうが、物事もスムーズに効率的に進むことが多く、「機会損失」も少なくて済みます。

しかし、世の中には計画できなかったり、オーガナイズできないこともあるのです。計画できないのに、あるいは定量化できないのに、それを承知で(あるいは無理に)「計画」

(15) Repenning and Sterman (2001).

を作っても、それはあくまで「目安」です。

しかし、繰り返しになりますが、いったん「計画」を作ることが決まると、そこに優秀な人材が配置され、貴重な資源が投入され、あるいは対外的な「顔」になったりして、いつの間にか「聖域化」されることが少なくありません。「手段の目的化」です。個人としてもキャリアプランを持つことは良いと思うのですが、「計画どおりいかない」と焦ったり、場合によっては「自分は失敗者」と思い込んだりするケースがあったりします。

ゴーン氏の指摘を端的に解釈すれば、「そんなもったいないことをするな」ということです。これだけ環境変化が激しい現在、そして将来、計画を作った時点では全く考えられなかったチャンスはいっぱいある。実は、環境変化だけでなく、たとえば思いがけない人との出会いが、その人にとって大きな影響をもたらすことも多い。そうした「チャンス」を見逃す損失の大きさについて、ゴーン氏は警鐘を鳴らしているのだと思います。

明石家さんまさんが出演するテレビ番組を見ていたときに、さんまさんの食べ物の買い物の話が出てきました。彼によれば、「計画なんか立てないで、そのときに体が欲しい、食べたいと思ったものを買う」のだそうです。妙に納得したことを覚えています。

Chance を『ケンブリッジ英英辞典』で引くと、「the force that causes things to happen without any known cause or reason for doing so」とあります。つまり、チャンスとは前もって誰も予測できないからチャンスなのです。「突然言われても、心の（あるいは組織の）準備ができていません」というのは「チャンスはいりません」というのとほぼ同義です。

逆に言えば、チャンスは誰にでも訪れる可能性があるとすれば、成功か失敗かの分かれ目は、これまでの計画にこだわり、あるいは計画していないからといって尻込みするか（あるいは、そもそも結果としてチャンスに気づかないか）、「よし」とつかんでみるかの違いでしかありません。

私がよく引用する「Chance favors the prepared mind」というフランスの化学者ルイ・パスツールの言葉がありますが、基本的には「やるか、やらないか」です。そして、これも後ほど触れますが、計画がない中で決めるのは「直感」でしかないとすれば、普段どれだけ「直感」を磨くことができていたかということでもあるでしょう。

「想定外」はリスクがあります。しかし、計画を作ることが本当にリスクの低減になっているかと言えば、わからないことも多いのが現実です。計画を作って「なんとなくわかったつもり」の幻想にとらわれて、チャンスと捉えられないことは、とても大きな機会損失なのです。

チャンスは計画では捕まえられない。

第3章 データ分析と機会損失

1 データ分析1・0から2・0へ

「分析」は、国語辞典（『大辞泉』）では次のように定義されています。

……

複雑な事柄を一つ一つの要素や成分に分け、その構成などを明らかにすること。

何の根拠もなく決定するよりも、データに基づいて決めること、たとえば事業の収益性を管理し、より成長可能性の高い市場や事業に資源配分をするほうがよいに決まっています。「データ分析＝科学的、客観的な根拠」を使うことによって、ＫＫＤ（勘、経験、度胸、時には「根性」が入る場合も）に頼る主観的でわかりにくい経営を、より透明性を高め、共有・納得のできるものにすることができます。いわく、「過去の成功体験にあぐらをかいてデータ分析ができない上司や企業は、環境変化に取り残される」「データ分析によって見える化ができなければ、再現性がない」云々。

面白いことに、そんな当たり前のことが意外にできていません。『事実に基づいた経営』という本を私が翻訳したのが二〇〇九年、[1]そこには「事実に基づいた医学（Evidence-Based Medicine）」などというコンセプトも紹介されており、科学的であるはずの医学でさえ昔からのやり方を（意味がなくても）やり続けていることが多いことが示されています。

二〇一八年の日本経済新聞には「証拠に基づいた政策（EBPM: Evidence-Based Policy Making）」についての連載があり、ＲＩＥＴＩ（経済産業研究所）のウェブサイトには、「ＥＢＰＭの推進は、政府の骨太の方針にも掲げられ、今後もますます重要性が増していくことが予想されます」などと、恥ずかしげもなくうたってあります。いったい今まで何をベースに経営し、治療し、あるいは政策を決めてきたのでしょうか。

その意味で、「失われた一〇年、あるいは二〇年」を経て、たとえばＭＢＡの教育がより注目されたり、よりデータや分析に基づいた経営が重視されるのは当然です。実際、今でも部門別損益や商品別損益に関して、共通部門やオーバーヘッドをざっくりと売上や人数比で配布することで満足し、しっかりとアクティビティベース（ABC: Activity Based

（1）原本は、Pfeffer and Sutton (2006).

Costing）で管理されていないことも多いといわれています。

管理のために結果をしっかり測り、分析をする「分析１・０」ができていない企業は今でも驚くほど多いのです。[2] 第１章の３Ｃのところで触れたとおり、自分のことが見えていない人や組織の典型です。

近年、インターネットを中心とした技術進化、そしてＡＩ、ＩｏＴブームなどもあり、ビッグデータ、そしてデータ分析は、これまで以上に注目されています。分析、特にビッグデータ分析は、これまでわからなかったこと、あるいは「なんとなく」でしか説明できなかったことを客観的に解明したり、新たな方向性を示してくれたりするという意味で非常に重要であることは間違いありません。Ａ／Ｂテストも、情報収集・分析ツールがこれだけ発展したからできるのです。つまり、単に管理のためだけでなく、将来のため、つまり戦略立案のための「データ分析２・０」が重要になっているのです。

しかし、問題は「分析さえすればよい」とか「データはたくさんあればあるほどいい」と大きく振れすぎることです。目的と限界をわからずに取り組むことは、往々にして無駄に終わるばかりか、むしろマイナスになります。「過ぎたるは及ばざるがごとし」と先人はよく言ったものです。「手段の目的化」や「機会損失」といった言葉がちらつきます。

たとえば成功企業の分析をして、良いところを取り入れようという話はよくあります。私もいろいろなところに呼ばれて講演をすると、最後は必ずといってよいほど「成功企業の秘訣は何ですか?」といった類の質問が出ます。

しかし、これはあまり意味がありません。すでに申し上げたように、自社のことをわかっていないのに、他社の真似をしてもできるわけはないからです。*The Innovator's Dilemma*(なぜか邦題は『イノベーションのジレンマ』)で有名な、ハーバード・ビジネススクールのクレイトン・クリステンセン教授は「自分の病気が何かも知らずに、何しろいい薬をください」という経営者が多いことを指摘します。(3)

繰り返しになりますが、自分の病気を知らずに「いい薬」を欲しがっても、あるいは飲んでも、決して良くなりません。そして、「いい薬」が手に入ると、そこで安心し、これまでの努力をやめてしまったり、良くならないと現場が悪いと見当違いの叱責をすることは機会損失以外の何ものでもありません。

二〇一七年九月に陸上競技の桐生祥秀選手が日本人初の一〇〇メートル九秒台の記録を出して大きな話題になりました。ところが、その前に伊東浩司選手が一九九八年のアジア大会で一〇秒〇〇を出したのは、あまり話題になりませんでした。つまり、日本人選手は

(2) この点はIGPI(経営共創基盤)のパートナーからも聞きますし、私のゼミOB生が所属する大変有名な会社でもそうであったりします。
(3) Christensen and Raynor (2003).

この〇・一秒の壁を越えるのに一九年かかったのです。

これについて、伊東選手らを指導した東海大学の宮川千秋名誉教授によれば、「伊東はたゆまぬスピードトレーニングで体を鍛えたうえで筋力トレーニングを積み、二八歳で一〇秒〇〇をマークしたが、体ができあがっていない段階で激しい筋トレだけを真似る若手が続出した」というのです。(4)

自分のことを知らずに、成功者、成功企業のモノマネをする結果、単に目的を達成できないばかりか、体を壊したり自分の良さを失うという、機会損失以上のマイナスが出る事実(evidence)をよく知る必要があります。

「勉強をする」とは、良い薬、成功事例を探し、知識として「丸呑みする」や「覚える」ことではなく、自分を知ったうえで「生かす」ことでなくてはならないのです。

ＡＢＣを含め、基本的な管理のためのデータ分析ができていない企業は多い。自社の現状を十分理解せずにデータ分析を活用しようとすることは、分析が目的化し、機会損失を増加させるだけに終わる。

2

分析の三つの落とし穴

分析はあくまで手段であって、目的ではありません（少なくとも、企業の経営という視点では）。分析が目的になったとき、アウトプットは出るので、「達成感」はあるかもしれませんが、機会損失、単に分析にかける時間や資源だけでなく、分析にのめり込むことによって、本当に大切なものが見えなくなる重要な落とし穴が生まれている可能性は高いと思います。ここでは重要な落とし穴三点を指摘します。

まず、当たり前ですが、データは過去のものです。「将来のデータ」というのは、タイムマシンに乗らない限りありません。もちろん、「過去のトレンドが将来の最も良い予測方法」であることはしばしばあります。

しかし、それと過去のデータを盲信することは別です。「計画」のところでも触れましたが、（過去の）データではこうなっているという点を過信すると、ちょっとしたトレンド変化の「兆し」も「例外的な異常値」として無視されることになりかねません（図表3-1）。

（4）「本命・桐生、ついに壁破る」『日本経済新聞』二〇一七年九月一〇日。

図表3-1 データの傾向と「外れ値」の解釈

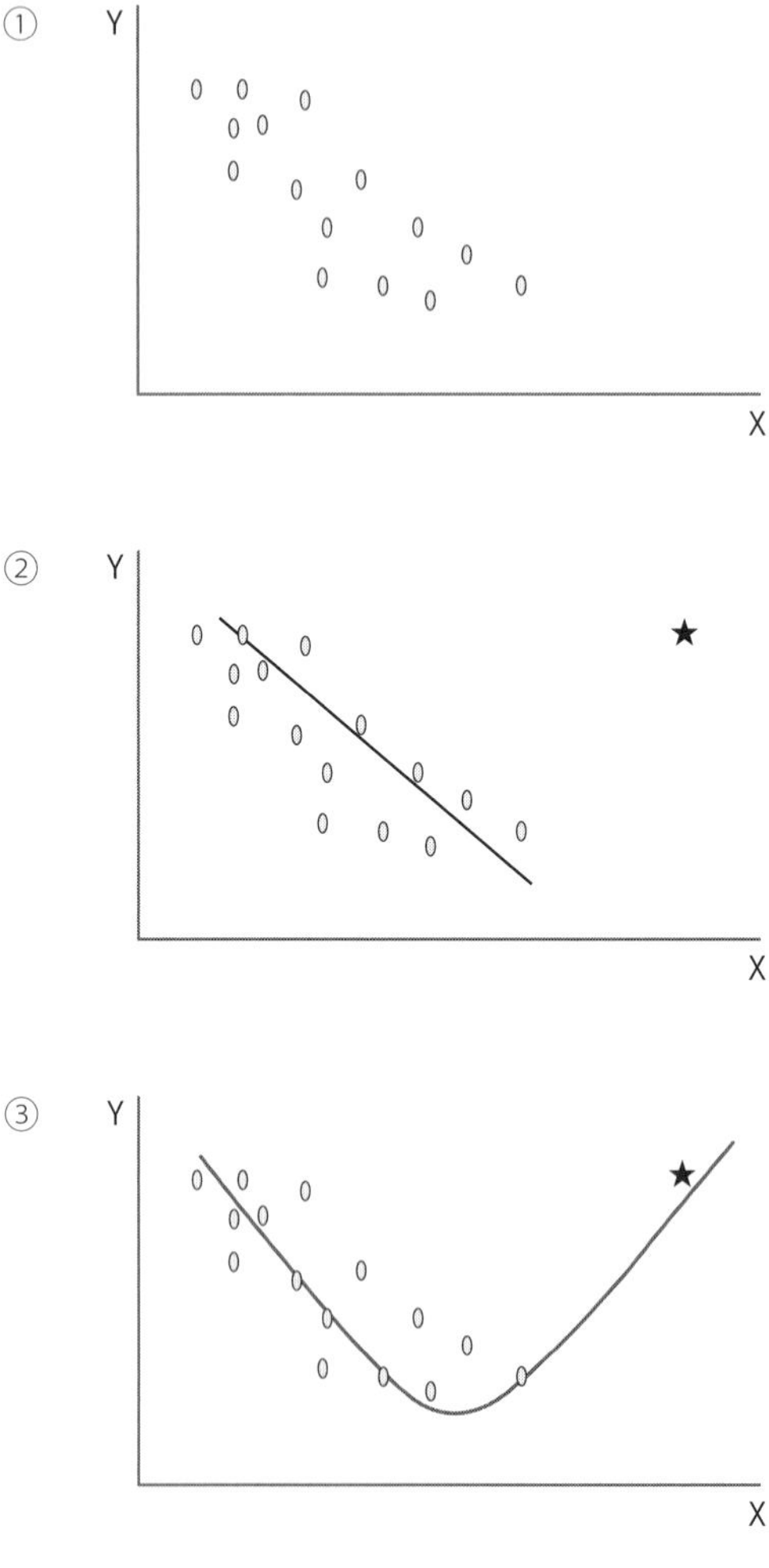

単純化しすぎているかもしれませんが、①のグラフが示すところは、X軸の変数とY軸の変数には右下がりの（つまり負の）相関関係があるということです。それでは、②のような場合はどうでしょう。

この右上のデータ（★）をどう解釈しますか。すでに「計画」のところで触れましたが、右下がりという「仮説」を持っているとき、この右上のデータは「外れ値」や「例外」として無視されたり、あるいは見て見ないふりをされることが少なくありません。しかし、本当にそうでしょうか。

たとえば、もしかしたら関係は単純な（一次的な）右下がりではなく、二次的な相関（学術的にはU字カーブなどと表現されます）かもしれません（③）。「常識」や「こういうものだ」、あるいは「仮説」という「思い込み」があるとき、同じ事実を「分析」していても、異なる結果、間違った結果を導くことは往々にしてあるのです。

二つ目の落とし穴は、「（客観的）データは測れるものしか取れない」ということです。これも当たり前です。もちろん、データの取り方はいろいろと進んでいて、相当曖昧で難しそうなもの／ことについてもデータ化は可能になっています。

しかし多くの場合、見えないコンセプト（たとえば、ニーズ）を見える指標で代替しているのであって、そこにはさまざまな前提や誤差が含まれていることは知らなくてはなりません（専門用語では構成概念妥当性［construct validity］などと称します）。

また、「アンケートサーベイ」も、聞き方が誘導的であったり、サンプルが適正かどうか（いわゆる「サンプリングバイアス」）、落とし穴は山のようにあります。(5)

さらに三つ目の落とし穴として、データは「あればあるほどよい」わけではありません。カルビーの松本晃前CEOは、昔のカルビーが「コックピット経営」という名の下、膨大なデータを使って計画を立て、経営をしようとしてきた結果、利益率が非常に低かったのだと指摘されています。(6)

「データで経営する」というのは、確かに科学的でカッコよく聞こえますが、いつの間にか計画を作ること自体が目的になり、データがデータを呼んで、非常に複雑で、何が何だかわからなくなっていたのです。英語では「analysis paralysis」という言葉もあります。

私たちは「データ」という言葉に弱いので、「せっかくこうしたデータがある」とか「月単位より週単位、週単位よりも日単位」という、**More is better** という発想になりがちです。しかし、データは目的がしっかりし、しかも使いこなせて初めて意味があります。

分析をしたり、計画を作ったりすること自体に意味がある場合もありますが、それが目的になると、分析自体に「欲」が生まれ、ますます精緻にしようというモチベーションが上がります。分析どおりに進まないと、「分析が十分でない」などと言い出す人が現れ、もっともっとデータを集めよう、もっと分析しよう、ということになり、結果として指標が多すぎて何をしたらよいかがわからない、実行できない、だから、もっときちんとした分析を……という泥沼に陥ってしまうことも珍しくありません。
実際、情報量と意思決定の質は正比例しないことも最近の研究が明らかにしています。「オーバーロード（overload）」という言葉があるように、ある時点までは正比例するのですが、情報が「ありすぎる」と人はその情報を消化できず、かえって意思決定の質が下がってしまうのです。「簡単な問題は情報分析をもとに合理的に、複雑な問題は直感に従え」というのが研究者の指摘です。
マッキンゼーのパートナーから転身してＤｅＮＡを創業した南場智子氏の『不格好経営』には、次のような指摘があります(7)。

…………………………

コンサルタントは情報を求める。それが仕事なので仕方ない。これでもか、これでもかと情報を集め分析する。が、事業をする立場になって痛感したのは、実際に実行する前に集めた情報などたかが知れているということだ。

（5）このあたりは、清水（二〇一六）の第一部「書籍篇」の第三章をご参照ください。
（6）「カルビーはどうやって儲かる会社に変わったか――カルビー松本晃会長ＣＥＯインタビュー（前編）」ＤＩＡＭＯＮＤハーバード・ビジネス・レビュー・オンライン、二〇一四年五月二一日（http://www.dhbr.net/articles/-/2568）。
（7）南場（二〇一三）二〇四～二〇五ページ。

本当に重要な情報は、当事者になって初めて手に入る。だから、やり始める前にねちねちと情報の精度を上げるのは、あるレベルを超えると圧倒的に無意味となる。それでタイミングを逃してしまったら本末転倒、大罪だ。…（中略）…

事業リーダーにとって、「正しい選択肢を選ぶ」ことは当然重要だが、それと同等以上に「選んだ選択肢を正しくする」ということが重要となる。決めるときも、実行するときも、リーダーに最も求められるのは胆力ではないだろうか。…（中略）…コンサルティングは胆力が養われやすい場ではない。

カルビーでは、「本当に正しいかどうかわからない」施策に三年の計画と一三週のレビューがかけられ、さらにそのレビューもその後、延々続いたといわれます。「この時間をもっと他のことに使ったら？」とは、最初はおそらくみんな思っていたのでしょうが、それが会社の「文化」になってしまうと言い出せなかったり、そうした疑問すら持たなくなってしまったのでしょう。

最後に、「ビッグデータでわかるのは、相関関係であって因果関係ではない」ことも忘れないように。この二つを、場合によってはわざとではないかと思われるほど、混同しているレポートは結構多いと思います。

データ分析の落とし穴
①データは過去のものだという点を忘れ、過去の延長を重視し、「外れ値」を無視する。
②データは測れるものでしか取れないという点を忘れ、目の前のデータがすべてだと思い込む。
③データは「More is better」と思い込み、データを集め続け、分析し続ける。

3 「客観的」というデータ分析の限界

そして、もう一つの大きな限界（でもある前提）は、データ分析は客観的であるということです。それは大変良いことですが、逆にいえば、「客観的な分析に基づく＝どの企業でも同じ結論に行きつく」ことになります。したがって、データ分析をしないことで競争相手に負けることはあっても、データ分析をすることで差別化ができるかどうかはまた別の話です。

第1章で触れたハーバード・ビジネススクールのシンシア・モンゴメリー教授も同じようなポイントを指摘されています⑧。

かれこれ二五年ほど前から、戦略は分析的な問題解決の方法であり、左脳型の作業として見なされるようになった。このような認識から、また「戦略は金になる」ということから、MBAホルダーや戦略コンサルタントといった一種の専門家が現れた。彼ら、彼女らはフレームワークやテクニックで武装し、業界分析や優れた戦略を指南し、経営者の良き参謀となった。…（中略）…

戦略は大局的な目的から遠く離れ、競争ゲームの計画に矮小化されてしまった。

また、MBAのプログラムでは、もはやクラシックと言ってもよい『ハーバード・ビジネス・レビュー』の一九八九年の論文「ストラテジック・インテント（戦略的意図）」が「戦略が注目を集めるのに従い、活力を失っていった」と指摘したのも同じことです。[9]

セグメンテーション、バリューチェーン、ベンチマーク、ストラテジックグループ、移動障壁といったコンセプトを学び、多くのマネジャーは産業の地図作りがうまくなった。ところが、このような分析に明け暮れている間に、ライバル企業は大陸全体を動かしていたのだ。

さらに少し飛びますが、一橋大学の野中郁次郎名誉教授は、日本メーカーが世界を席巻していた一九八七年に『ハーバード・ビジネス・レビュー』で「日本人の経営者はアメリカ人経営者に比べ、マスのマーケティングリサーチへの依存は少なく、トップやミドルが現場に行って少数の定性的なデータから直感を用いて判断する（intuitive judgment）」と指摘されていました[10]。

これは、まさにミンツバーグ教授が言う「戦略思考＝strategic thinking」、つまり経営者がこれまでにしてきた経験や自らの考えをフルに使って新たな洞察を生み出す統合（synthesis）ということです。

こう考えると、日本企業が元気がなくなったといわれるのは、マイケル・ポーター教授が指摘するような「戦略がなかった[11]」という理由ではなく、「戦略プランニングと戦略思考」を混同してしまったことにあるのではないかと思われてなりません（もちろん、他にもたくさんの理由があるでしょうが）。

アメリカ型経営、ＭＢＡ、戦略コンサルティング……、そうした「分析」型の経営を取り入れていくうちに、本来の目的であった「戦略思考に基づく統合（synthesis）」が失われ、

（8）Montgomery (2008).
（9）Hamel and Prahalad (1989).
（10）Johansson and Nonaka (1987).
（11）Porter (1996).

うか。
過去（の栄光）にこだわり、未来（のリスクと可能性）を忘れてしまったのではないでしょうか。

データ分析が客観的であるという前提は、経営意思決定への「お墨つき」を与えます。データがこうだからということで、前例のない決定をすることもできると同時に、失敗したときに「データがこうだったから仕方ない」という言い訳もできます（このあたりは「データ」を「コンサルタント」に置き換えることもできます）。

いつの間にか、データがこう言っているからこうしよう、データがないからリスクが高すぎるといった、「データ＝意思決定」の様相を呈する組織が出てきます。データを参照することは大切ですが、データ分析とは「過去」と「測れるもの」という二重の制約があるのです。データ分析だけで（差別化をめざした）意思決定をしようとするのは、バックミラーだけを見て車を運転しようとするようなものです。

思うに、多くの経営者もその下で働く人々も「言い訳」「逃げ道」「正当化」作りに必死になっていないでしょうか。一方でたとえば、雇用を守らなければいけない（と感じる）、他方で株式市場（正確にはアナリスト）からの業績向上に対するプレッシャーを受ける（そのプレッシャーは、社長から下にだんだんに下りてくる）、などのさまざまなプレッシャーの中で、いつの間にか「自分が何をしたいのか」よりも、「どのような行動をしたら一番叩かれにくいか」や「説明しやすいか」が行動規準となっていないでしょうか。

「言い訳作り」のスプレッドシートやパワーポイントにエネルギーを費やして、肝心の戦略作りが「言い訳の延長」になっていないでしょうか。そこで語られる戦略は本当の意味での戦略ではありませんし、そこでなされている分析は意図的な機会損失です。

経営判断とはギャンブル的要素が色濃くあります。『ビジネスウィーク』のピーター・ドラッカーの追悼号では「Every decision is risky: It's a commitment of present resources to an uncertain and unknown future」という彼の考えを再掲しています。[12] 元リクルートのくらたまなぶ氏は「市場調査は過去のデータの分析、つまり算数。マーケティングとは未来の人の気持ちを考えること、つまり国語」と鋭い指摘をされています。[13]

繰り返しになりますが、リスクのない戦略には、その結果として差別化もリターンもありません。「肉を切らせ」ないで「骨を断つ」ことができれば、そんな嬉しいことはないのですが、そんな素晴らしい案があれば誰もがやろうとするでしょう。それは幻想か一過性のブームかのどちらかです。データ分析は意思決定をサポートすることはできても、代替することはできないのです。

建て前では「戦略は差別化だ」と言っておいて、部下が斬新な案を持ってくると、「他

(12) *Business Week*, Nov. 28, 2005.
(13) くらた(二〇〇六)。

社はやっているのか」とか「前例のないことをやって失敗したら、おまえは責任が取れるのか」などと言い出す上司は、戦略を語る資格はありません。

データ分析は意思決定をサポートすることはできても、代替することはできない。

4

分析は悲観の源、楽観の意志が戦略を生かす

ここで、もう一度分析と戦略の違いを確認しておきます。

ミンツバーグ教授は戦略策定に必要な「戦略思考」と「計画作り（戦略プランニング）」やデータ分析（analysis）は似て非なるものである。「戦略思考」の本質は、そうしたデータはもちろん、経営者がこれまでにしてきた経験や自らの考えをフルに使って新たな洞察を生み出す統合（synthesis）にあるのだ。戦略思考を通じて生まれた戦略にコミットし、実行を通じて新たな情報を学習し、戦略をさらに進化させる継続的なプロセスこそが戦略経営だと言います[14]。

また、二つのことが重要であるとミンツバーグ教授は指摘します。一つは事業の責任者が戦略策定にコミットすること。そして、見落とされがちなもう一つは、すでに何度も触

れられてきたように、リーダーはフォーマルな分析プロセスに頼っているだけでは、決して意味のある戦略を立てることはできないということです。

実はこの点についても、先述のシンシア・モンゴメリー教授の指摘と非常に似たところがあります。彼女の論文には、大変わかりやすい比較をした表があります（図表3-2）。

KKDも感情と同じように人間から切り離すことができないものです。とすれば、マイナスばかりでなくプラスだってあるでしょう。考えてみれば、「勘」というのは必ずしも悪い意味だけでなく、「野生の勘」というのは起業家の鋭い判断力のたとえですし、大前研一氏の『企業参謀』でも、人間の頭の「非線形的な統合力」は一番最初に出てくるポイントでした。コロンビア大学ビジネススクールのシーナ・アイエンガー教授も「informed intuition（情報に基づいた直感）」の大切さを強調しています。

「楽観は意志の力」といわれることがあります。アランの『幸福論』では「悲観は気分」とくるらしいですが、経営の世界では「悲観は分析から生まれる」と言い直せます。なぜなら、市場にせよ競争力にせよ、そして戦略にせよ、「絶対」というものはありません。常にリスクはあります。分析をすればするほど、リスク要因はどんどん見つかります。分析をすればするほど、「どうしよう」と悲観的になるのは当然です。

(14) Mintzberg (1994).

図表3-2 戦略のカン違い

	よく聞くアプローチ： 戦略＝問題解決	見失われた考え： 戦略＝ダイナミックなプロセス
企業のゴール	長期的な持続的優位性	価値の創造
戦略策定のリーダーシップ	CEOとコンサルタント	CEOこそが戦略策定者： アウトソースしてはならない
戦略の「形」	左脳的分析に基づいた、 変更してはならないプラン	新たな情報を取り入れ、 進化していく有機的プロセス
時間軸	短期集中の戦略策定後、比較的 長期の実行フェーズが来る	毎日が戦略策定と実行の 繰り返しで、「終わり」はない
取組み方	長期にわたって 現在の戦略を守り抜く	長期にわたり優位性を 強化し企業を進化させる

出所：Montgomery（2008）より作成。

そもそもリスクがなければ、他社がとっくに始めているわけですから、フランク・ナイトの言葉を借りるまでもなく、利益、特に中長期的な利益を獲得するためにはリスクを取らなくてはならないのです。もちろん、リスクを避けて美味しいところだけを頂こうという二番手戦略はありますが、それは一番手あっての話です。「ファーストペンギン」がいなければ、餓死してしまうかもしれません。

リスクをあぶり出すのが「分析」であるとすれば、リスクがあっても何としても成し遂げるという気概、コミットメントが「（楽観の）意志」です。意志なき分析は決して「損して得取る」という発想には至りません。

その意味で経営には「（楽観の）意志」が欠かせません。意地悪な未来に対して、自分の「価値観」と「経験」を研ぎすまし、「勘」を信じることのできる「度胸」と、いったん判断を下したら何としても成し遂げようとする「根性」なしには、どれだけ分析を重ねても「戦略的」、つまり、大きな目的達成のために、「肉を切らせる」や「損をする」決定はできないのです。

「データを深く掘り下げ、後は自分のガッツを信じよ」とはインテルのアンディ・グローブ元CEOの言葉です。分析が大切なことは疑いありませんが、自分の意志の弱さを棚に上げて「データがないから判断できない」とか「データが悪い」という言い訳に使われていないでしょうか。インターネットが情報格差をなくし、一方で相変わらず予測し難い未来に直面している今ほどKKDが望まれている時期もないのではないでしょうか。

KKDとそれを支える「注意深さ」があってこそ、分析が生きるのだろうとも思います。「科学者のように分けて、職人のように選択する」というフレーズをどこかで聞いたことがありますが、分析を最大限に生かすことと、堂々とKKDを主張することとは相反しません。

直感の重要性については、拙著『リーダーの基準』で一章を割いて議論をしましたので、ここではイメージとしての「野生の勘とヤマ勘の違い」を挙げるにとどめます（図表3－3）。「野生の勘」が軽視できないのは、生きるために死に物狂いで気を配り、少しの違いにも注意を払い、考えるところから生まれるからだと思います。

KKDで戦略を決めているからうまくいかないというのは、KKDと言いながら、実は経験も勘も薄っぺらで中身がないか、あるいは、その決定を実行する人たちが自分の狭い見方（これもKKDの一つです）からの「分析」や「データ」に凝り固まって、意思決定

図表3-3 直感(野生の勘)とヤマ勘の違い

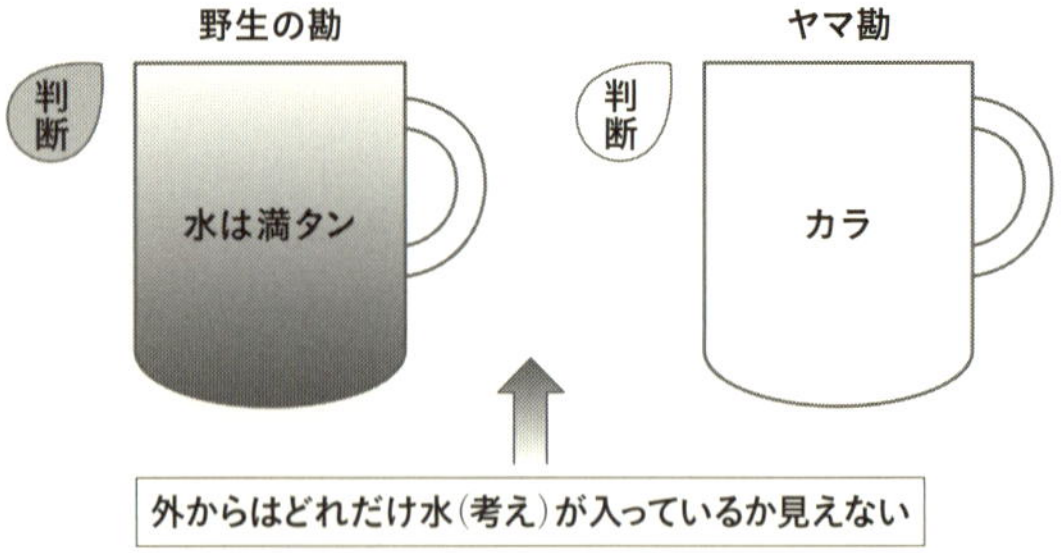

出所:清水(2017)p.95。

者のKKDを生かすためのコミットをしてないかのどちらかです。

決めなくてはならないときに決められないのは、機会損失の最たるものです。「決めない」とは、現状維持をするということであり、変えないということであり、そしてチャンスを生かさないということ。さらに言えば、迫り来る危機に対して何の対応もしないということかもしれません。直感を磨くこと、そして自らの直感を信じられるようになることは、「考え抜く」ことでしか得られないのではないでしょうか。南場智子氏の指摘する「胆力」もまた同じところにあると思うのです。

リスクをあぶり出すのが「分析」、リスクがあっても何としても成し遂げるという気概、コミットメントが戦略の根底をなす「(楽観の)意志」。分析を重ねるだけでは、戦略的「損して得取れ」の意思決定にはつながらない。

5 データ分析の本当の価値

それでは、データ自体は過去のものであり、測れるものしか測れないといったデータ分析の限界を踏まえたうえでの、戦略立案や実行に関してのデータ分析2・0の本当の価値とは何でしょうか。

繰り返しになりますが、戦略計画の立案自体は多くの前提に基づいており、その意味でアウトプットとなる売上とかシェア、利益は「目安」程度でしかありません。しかし、そうは言っても「目安」を社員、取引先、そして株主を含めたステークホルダーと共有できることで、方向性の良し悪しについてのコミュニケーションは深まるでしょうし、戦略についての議論もできるでしょう。

より大切なことが二つあります。一つは、結局、戦略そのものは経営者の直感的統合(synthesis)、あるいは直感(intuition)が重要だとしても、本当にそれに問題がないかのチェックとしてデータ分析は有効です。実際、人間は思い込みやバイアスに対して非常に弱い生き物です。どれほど経験豊富な経営者でも、いや経験豊富なほど、過去の成功体験にとらわれたり、新しい発想ができないことは多いですし、さらに問題なのは、そうしたバイアスは「知らぬ間に」「無意識のうちに」経営者の頭を蝕むことです。

つまり、ベストな判断をしている、データをよく見ているつもりで自分の考えに反するデータを見逃したり、「例外だ」とはねていることがあるのです。

実際、ノーベル賞を取るような科学者でも、まずアイディアは「思いつき」であったり、間違えた結果、偶然見つかることが多いことが報告されています。しかし、その後に必ずデータで検証するわけです。つまり、実際にノーベル賞を取るような発見の陰には、何千、何万（あるいはもっと）の「思いつき」が検証過程でダメ出しされているのが実情です。動物行動学者の日高敏隆氏の言葉を借りれば、「科学とは主観を客観に仕立て上げる手続き」だからです。

ミンツバーグ教授は、戦略スタッフの役割として、客観的なデータ分析やオプションの提示を挙げます。戦略策定をする経営者、事業の責任者は時間や業績のプレッシャーのために、熟慮する時間がなかったり、これまでの経験に「無意識のうちに」引っ張られたりします。戦略スタッフの役割は、そうした過去の延長線上にない情報を併せて集め、これまでにないオプションを提供し、意思決定が硬直化しないように刺激を与えることです。客観的な分析データをもとに「難しい質問を投げかけたり、これまでの前提が本当にそうかと問いかけるようにして」、意思決定者にショックを与えなくてはならないのです。

そして、もう一つはデータ分析と戦略計画作りを通じて「何が重要な変数か」を明確にすることです。これは、よく「シナリオプランニング」の手法として取り上げられます。

分析、計画の過程で、何が最終的な業績により大きな影響を与える不確定要因かをあぶり出し、そうした重要な変数、たとえば顧客ニーズの変化、技術の変化、あるいは進出先の新興国の政策の変更、などを過去の延長としての計画ではなく、大きく振らせてみることで、最悪あるいは最善のシナリオを考えるのです。

もちろん、そうしたことはあまり起きないかもしれませんが、そうした架空であっても、これまでの枠組みを打ち破るようなシナリオを設定することで、自分たちの思考の限界を知り、将来に対してより柔軟な対応を取る準備ができます。「Plan is nothing, planning is everything」と言われるのは、そういうことでしょう。

データ分析の本当の価値
①直感の客観的な検証(および経営者への刺激)
②重要な経営変数とそのインパクトのあぶり出し

6

「失敗から学ぶ」と機会損失

今から二〇年近く前に出版された畑村洋太郎先生の『失敗学のすすめ』を引くまでもな

く、ビジネスにおいて失敗から学ぶ重要性は至るところで指摘されています。結局、未来を一〇〇％予測することは不可能なわけですから、失敗して当然です。今やあまり聞くこともなくなってしまったホンダの「No play, no error」（エラーをしていないのは、本当に仕事をしていないからだ）は、今こそ生きる言葉であると思います。

失敗データをしっかり分析、蓄積、共有することの大切さに対して、誰一人反対する人はいないはずです。しかし、それだけ「失敗から学ぶことが大切だ」と言われながら、洋の東西を問わず、なかなか進んでいないのが現実です。コロンビア大学ビジネススクールの友人、リタ・マグレイス教授は『ハーバード・ビジネス・レビュー』で次のように指摘しています[15]。

あなたの組織では、どれほど効果的に失敗から学んでいますか、一～一〇の尺度では何点ですかと経営幹部に尋ねると、おずおずと「二点、いや、三点ですかね」という答えが返ってくる。……（中略）……

経営幹部はミスを隠すか、最初から基本計画の一部であったかのようなふりをする。失敗は口にしてはならないこととなり、出世の妨げになるのを恐れるあまり、次第にリスクを取らなくなる。

失敗から学べない、さらにわかっていながら、なかなか進まない大きな理由は、計画の目的化、聖域化と相まって、「失敗」という言葉を使っただけで組織内の空気が凍ってしまい、誰もが下を向いて何も語らない、あるいは、話してはいけない雰囲気になることではないかと思います。

実際、私がアメリカで博士論文を書いたとき、当初は「企業は重要な戦略意思決定が失敗したときに、どのように対応するのか?」というテーマだったのですが、「企業は重要な戦略意思決定をどのように変更するのか?」と言い換えてインタビューをしなくてはなりませんでした(最終的な論文は、そうした定性的な分析をもとに、企業買収において、買収した会社がうまくいかない場合、いつ、どのような理由でその会社を売却するかについて、大量のデータを使って分析をしています)。

こうした状況で、私たち教授陣、あるいはコンサルタントはさまざまな提案をしてきました。たとえば、マグレイス教授は、次の「七つの原則」を指摘しています(詳しくは論文をお読みください)。

①プロジェクトの開始前に、成功と失敗(のイメージ)を定義する

(15) McGrath (2011).

②前提を知識に変える
③失敗は早めにする
④「安く」失敗し、損失を抑える
⑤不確定要素をできるだけ少なくする（知らない事業での失敗からは学びにくい）
⑥知的な失敗をたたえる文化を育む
⑦学んだことを形式知化し、共有する

確かに参考になるとは思いますが、「なるほど、こうすればいいのか」と目から鱗が落ちた方はあまりいないのではないでしょうか。「わかる」ということは「知っている」ことであり、「だけど、できない」というのが現状ではないかと思うのです。畑村先生の本にも出てきますが、「失敗のデータベース」を作ったものの、誰も使わないという例はよくあります。

では、どうするか？

実際、失敗に関しては、たとえば日本企業の海外のM＆A事例を見ればわかるように、「莫大な金額を投資したにもかかわらず、大赤字でやむなく購入価格の何分の一かで売却した」という事例は山のようにあります。(16)

それだけの「授業料」を払った（これは、もちろん金銭的なものもありますが、経営陣の時間、そして、そうしたM&Aにかかわった結果、他の重要なことができなかったコストなどもあります）わけですから、学ばないのはもったいない。「学べない＝大きな機会損失」であると言ってよいでしょう。したがって、こうした失敗に至った原因を解明し、将来の意思決定に生かし、同じような失敗を繰り返さないようにしないといけないのは当然です。

しかし、繰り返しになりますが、そのわりには「失敗から学んでいない（学べない）」企業、組織は非常に多いのが現状です。たとえば、私もクラスや企業研修でハーバード・ビジネススクールのエイミー・エドモンドソン教授の「チャレンジャー号打ち上げ決定のグループプロセス」のケースをしばしば使います（非常に良いケースで、日本語でも英語でも大変盛り上がります）。

一九八六年にチャレンジャー号の打ち上げで失敗し、抜本的な改革をしたはずのNASAは二〇〇三年、今度は宇宙から帰還する途中のコロンビア号が爆発するという事故を起こします。大統領の諮問委員会は、「NASAは一九八六年のチャレンジャー号の悲劇か

(16) ちなみに、こうした事例は特に日本企業に多いことは確かですが、ダイムラーのクライスラー買収、タイム・ワーナーとAOLの合併など、欧米企業でもそれなりに見られ、私の大好きな研究テーマです。たとえば、Shimizu (2007) を参照。

ら何も学んでない」と辛辣にこき下ろしています。

ここまでいかずとも、何年かごとに不祥事を起こして新聞沙汰になっている企業もあれば、M&Aはリスクが高いと言われながらも多くの企業が積極的に取り組み、やっぱり多くの企業が失敗しているという現実もあります。

これだけできないということは、もしかしたら「失敗から学ぶ」ことは錬金術のようなものかもしれません。できれば素晴らしいけれども、実は本質的に無理がある、「できないことにどれだけ投資をしてもできない」ということはないでしょうか。もちろん、失敗から学ぶなということでも、投資をするなということでもありません。しかし、「失敗から学ぶ」ことのハードルと弊害を低く見すぎているということはあると思うのです。

「失敗から学ぶ」ためのハードルとは、単に政治的なもの、つまり、「失敗と認めたくない」だけではありません。そもそも、逆の視点からすると「本当に失敗なのか」という話もあるわけです。「成功の要諦とは、成功するまでやめないことだ」という故・松下幸之助翁の言葉はあまりにも有名ですが、たとえば、キヤノンは複写機、プリンターなどの成功した商品に、実に開発責任者が三人代わるといわれる二〇年近くの開発期間をかけていますし、近畿大学はクロマグロの完全養殖に成功するまでに三〇年以上も必要だったわけです。

「いつ失敗と認めて、いつやめるか」は実はそんなに簡単な問題ではありません。「リストラ」といって、過去の負の遺産だけでなく、将来の可能性までを「赤字」という一括りで捨ててしまった企業の例は多いのです。

いや、そうは言っても明らかな失敗はあるだろう、という気もしますが、失敗と言われ続け、「いつ売るか」と『ウォール・ストリート・ジャーナル』に書かれ続けたソニーのコロンビア・ピクチャーズ（現ソニー・ピクチャーズ）の買収は一九八九年から三〇年を経て、いまだに「失敗」かどうかは意見の分かれるところです。

支払った額から言えば払いすぎだとは思いますが、その後、ハード部門が大赤字を出したときにソニーを支えたのはエンタテインメント部門（と金融部門）でした。しかし、「ハードとソフトの融合という、そもそもの買収の目的であるシナジーは実現できたのか？」といえば、NOと答えざるをえないでしょう。

さらに問題なのは、失敗の原因を解明するといっても、そう簡単ではないことです。「トップが悪い」と言うのはそのとおりですが、じゃあ、トップを替えたら良くなるかというと、そうでない企業（あるいは政党）は山のようにあります。

JCペニーというアメリカのデパートチェーンでは、「CEOが業績の悪い理由である」とし、CEOを解任、アップルストアの成功の立役者であったロン・ジョンソン氏を新CEOに迎えますが、業績はさらに悪化。結局、ジョンソン氏も解任して、駄目なはずの前CEOを呼び戻すということをしています。それ以外にも、景気問題、インターネット問題、はたまた為替や地政学的問題と、「失敗の原因」を挙げればキリがありません。

そういった状況で、たとえば「第三者委員会」なども作って、膨大なコストをかけて原因究明をしたはずなのに、三カ月だか半年だか後の報告では、「前経営陣が、過去の成功体験から抜け出せず、赤字部門なのに継続投資を容認した」などという、初めから誰でもわかっていたような曖昧な結論で終わったりします。

つまり、「失敗から学ぶ」努力や投資が、実は「機会損失」かもしれないのです。「失敗解明」のために使った時間やコストは、もちろんそうです。より深刻なのは、失敗失敗と言い続けた結果、社内の雰囲気がますます悪くなり、社員が萎縮することです。魔女狩りのような犯人探し、逆に自分は違うのだという言い訳が社内を跋扈《ばっこ》し、過去だけでなく、将来のプロジェクトに対しても「犯人にならないように」保険をかけたり、リスクを避ける風潮が蔓延します。

極端な例は「失敗から学んだ」と言いたいがために、同様なプロジェクトを一切やめてしまうことです。それは海外進出かもしれませんし、M&Aかもしれません。もちろん、単に売上をあげるため、あるいは他社もやっているからということでの失敗であれば、もう一度自社の原点に戻ることは重要ですが、そうした重要なオプションを捨て去ることは、将来の一種のリストラと同じです。

まさに、「そんなことやってもうまくいかない」とか「自分も過去にやったけど、無駄だったから、やめておいたほうがいい」という畑村先生が指摘する「軽薄な失敗談」にはかなりません。

「失敗から学ぶ」ことについて、機会損失は非常に重要なイシューです。全く学ばないのは投資を無駄にしたことになる一方、効果のない努力にどれだけ投資をしても、会社の業績は良くなるどころか、本来しなくてはいけない仕事への投資が割かれ、みんなリスク回避ばかりを重視するとすれば、意味がないどころかマイナスです。メールには大量にCCが入り、会議にもさまざまな部門から人はいっぱい来るわけですが、「本当にそのプロジェクトをやりたい人」はいなかったりします。

かくして当事者意識はますます薄れ、プロジェクトをやって成果をあげるのではなく、プロジェクトの失敗を前提に失敗のときの言い訳を一生懸命準備しているとすれば、会社が良くなるわけはありません。これが「失敗から学ぶ」の成れの果てであってはならないのです。「精緻華麗な失敗のレポートを書く」ことは決して目的ではありません。

「起きてしまったものは仕方がない。これから頑張ろう」という、軽いノリで失敗をしのぐこともなくてはならないのです。

「失敗から学ぶための努力」が、実は機会損失であるかもしれない。

第4章

コンセンサスと機会損失

1 会議と機会損失

会議が多すぎるという話はよく聞きます。一日中会議で潰れるとか、内向きの仕事ばかりで顧客に向けた仕事ができないという不満です(ちなみに、あるメガバンクの経営企画担当者からは「一週間の会議にすべて出たのですが『顧客』という言葉が出てきたことは一度もありませんでした」、という驚愕の告白を受けたことがあります)。

当然ですが、会議よりも重要な仕事があって、それは、たとえば顧客への営業かもしれませんし、一人でじっくりと自分の部門や商品の戦略を考えるということかもしれませんが、それがあまり意味のない会議のためにできないとすれば、機会損失は計り知れません。「ムダな会議」はすぐやめたほうがいいことはもちろん、会社全体の資源配分を戦略的に考えたときに会議は切るべき「肉」であるかもしれません。

それでは、そもそもなぜそうした会議が開かれるのでしょうか。おそらくいくつかの理由があるでしょう。組織論的に言うとイナーシャ、つまり組織の慣性が大きいと思います。組織の慣性とは「現状を維持しようとする力」ですが、もともとは目的があって開かれた会議あるいはルールは、その目的がなくても「決まったことだから」と続くことが多いということです。いったいこの会議は情報共有のためなのか、何かを決めるためなのか、それとも単なるブレーンストーミングなのか。

あるいは、目的があっても参加者の認識がバラバラなために、何も達成されないこともあります。新入社員が「なぜこの会議をやっているのですか？」などと聞こうものなら、「昔からやっているんだ」とか「自分の仕事をしてから言え」などと上司にどやされるのはどこかおかしいのです。

逆に言えば、「会議の目的」はわかっているようでわかっていない、少なくとも共有されていないことが多く、いったん何かの拍子で作るとそのまま継続され、新たな「目的」ができるたびに会議が積み上がります。膨大なマニュアル、あるいは「官僚的」の源泉になる煩雑なルールが蔓延するのも同じ構造です。

おそらく会議が多くなるもう一つの理由は、参加者が多すぎるという点でしょう。「えっ、反対じゃないの？」と思う方もいらっしゃるでしょう。参加者と会議の数は、本来なら反比例するはずです。全社的な案件であれば、参加者の限られた部門ごとの会議で決めても、もう一度部門間の会議を行わなくてはなりません。関連部門がすべて参加する大会議であれば、一度で済むはずです。

しかし、そうはなりません。まず、参加者が多くなればなるほど、当事者意識が薄まります。心理学で有名な実験に「エレベーターで抱えていた書類を落とす」というのがあります。そのときに、エレベーターに同乗していたのが二、三人であれば、その人たちはすぐに助けてくれるのですが、一〇人だったりすると、そうはなりません。「誰かがやってくれるだろう」と思うからです。

実際にあった事例では、「ニューヨークのマンハッタンの銃声」があります。高級住宅街で銃声と悲鳴が聞こえました。すわ、殺人事件かと思うわけですが、実際にパトカーが来たのは三〇分以上も過ぎてからでした。これは、ニューヨーク市警察が怠け者であるからではなく、通報が遅れたからです。「誰かが一一〇番通報（アメリカでは九一一）するだろう」と思って、誰もしなかったのです。

そして、この点と相まって悪循環になるのは「関係するかもしれないから、一応呼んでおこう」という会議参加者の集め方です。そうして呼ばれた参加者が、本当に当事者意識を持って積極的に参加するでしょうか。「重要なメンバーを呼び損なう」機会損失を避けるために、保険の意味も含めていろいろな部門、階層の参加者を集めることで、現実的には全参加者の当事者意識も下がり、目的の共有も十分できておらず、結果として何も生産的な結果が出ません。

こうして「それでは、もう一回」ということを繰り返します。機会損失を最小化するためのはずが、いつの間にか最大にしている残念な例です。「思い込みで、現実が見えていない」のも、組織の慣性の一類型（心理的慣性）です。

会議、マニュアル、ルールは、組織の慣性のために目的がなくなっても続くことが多い。会議出席者が多いと、当事者意識が薄まり、結果として会議の時間と回数が増え、機会損失が拡大する。

2

組織構造と機会損失

私はアメリカでは学部、MBA、博士課程で経営戦略を教えてきましたが、慶應ビジネス・スクールでは組織マネジメント関係のクラスを多く教えています。ビジネスパーソンの方は、「組織」という言葉を聞くと、だいたい「組織図」を頭に思い浮かべます。企業研修では、「どのような組織構造が当社にとって良いのか」を教えてくれると勘違いされている方もいらっしゃいます。

実は、組織構造自体は「常識」で十分です。組織を分ける軸は五つか六つしかなく（機能、商品、顧客、地域、チャネルなど）、それを組み合わせる「マトリックス」を含めても、たかが知れています。「そのわりには当社は組織変更が多いな」と思っているとすれば、たぶんどこかで間違っています。

役割分担や組織図を変えても問題が解決しない本質的な問題は結局、組織力とは部門の分け方ではなく、（どんな分け方にせよ）分けた後の部門間の統合をどうするかに鍵があるということです。

どんな形に分けたとしても、必ず部門間の対立は生まれ、「縦割りの弊害」や「風通しが悪い」といった問題が、情報や資源の退蔵を生み、対策の遅れや機会の逸失につながります。何だかんだ言って、人間は帰属意識が高く、部門を分けると、他部門にライバル意識を持つからです。ランダムにチーム分けをしただけで「自分たち」と「他人」という意識が生まれるという心理学の実験結果もあるほどです。

その意味で、多くの場合、組織変更は「お茶を濁す」小手先の対策にすぎず、しばらくするとまた組織変更……となります。間違った問題をどんなに手を替え品を替えても解けるわけがありません。経営企画のスタッフの「やっている感」は出るかもしれませんが（もしかしたら、「どうせ」という疲労感でいっぱいかもしれません）、もっと他のことに時間を使ったほうがよいでしょう。

こういうことを申し上げると「もっと部門間が仲良くなればよい」とか「お互いのことを考えて譲歩することが大切だ」と思われる方がいらっしゃるかもしれません。詳しくは別著に譲りますが、[1]部門が最初から妥協する組織は弱い組織です。営業や開発が「経費はもっと少なくてよい」というような組織は、それぞれの部門が最初から目標を達成できないと諦めているかやる気がないのです。結果として他の部門にも甘くなり、つまり、「傷をなめ合っている」組織です。

他の部門に甘いとは、率直に意見を出さないですんなりと結論に妥協し、機会損失をなくすふりをして、「多様な意見」からアイディアが生まれうるチャンスを潰しているのです(これは後ほど議論するダイバーシティでも同じです)。目標をどうしても達成しようという強い責任を部門が持つはずもなく、目標達成ができなくても「〇〇部門に協力したから仕方がない」といった言い訳がまかり通ることになります。

そうした中で起きる「統合」とは、それぞれの部署の特徴、使命をすべて取り払った当たり障りのない(最大)公約数でしかありません。「他部門が反対する」という名目で、本来めざすべき目的ではなく、「波風の立たない」ことが優先され、いかにも現実的な、しかし過去の蓄積を食い潰しているにすぎず、縮んでいくだけの戦略(これを本当に「戦

(1) たとえば、清水(二〇一一a)。

略」と呼んでよいかどうかは別にして）が生まれます。

本来の部門の統合とは、それぞれの部門が部分最適を徹底的に主張する中で、それぞれの部門、あるいは組織全体として見た「強み」をもう一度見直すことであり、部門が統合・協力することで、その「強み」を何倍にできるかを考えることなのです。

部門間が対立しない組織は、一見すると会議時間などの機会損失が少なく見えるが、実際は多様な意見を持ち寄って部分最適から全体最適を追求しようとする熱意の欠ける、弱い組織である。

3

マトリックス組織の本質

部門間の意見の相違、利害対立を解決する一つの方法として考えられたのがマトリックス組織です。(2) たとえば、海外展開をする企業であれば、一人の社員が事業部長と地域担当部長（たとえば、中国担当部長）の双方に仕えるようにする。それによって、事業部門の意向と地域部門の意向の双方が耳に入ってくるので、調整しやすいというものです。「組織の横串を通す」などと言われたりもします。

しかし、間違えていけないのは、「調整しやすい」ということは「簡単に調整できる」ということでは全くないということです。「調整しやすい」のは、事業部門と地域部門の意向がそれぞれその交点の社員のところであからさまになる。つまり、「対立が明確になる」という、ある意味で真反対のことなのです。対立が明確にならなければ、調整もできないからです。

ともすれば、隠したり、諦めたりするような対立を顕在化することこそがマトリックス組織の本質です。その意味では、担当者は逃げ道をふさがれることになり、より大変であると感じても不思議はありません。その本質を理解できなければ、マトリックス組織は生きません。

日産のゴーン改革で有名になったクロスファンクショナルチーム（CFT）も全く同じことがいえます。CFTを作ったのは、「タコツボ」や「部分最適の権化」といわれていた異なるファンクション部門、たとえば製造部門とか、営業部門とか、開発部門とか機能部門間の利害を「調整」するためでした。

しかし、CFTを作るとまず起きたのは、「調整」ではなく「対立の顕在化」です。考えてみれば、当然の、しかも（多くの組織でグループシンクや遠慮やらで曖昧にされてい

（2）この部分は、清水（二〇一二）を参照しました。

る）大切なステップです。にもかかわらず、ＣＦＴを始めて対立がヒートアップすると、「おかしい」とか「こんなはずではなかった」と思われる経営者が出てきます。

ＣＦＴは打ち出の小づちではありません。逆に、物わかりが良くて、あるいはずる賢くて、正面対決を避ける傾向のある組織、結果としていろいろと手を打っているのになかなか実行されない、効果が上がらない、なぜかわからないうちにどんどん凋落していく組織は多いのです。

それではどう調整するか？

より上位の長（たとえば、事業部長と地域担当部長が対立したときは、事業本部長とか、担当役員とか、はたまた社長とか）が判断を下すことができれば簡単です。しかし、通常多くの意見を消化するだけの時間も現場感覚もありません。

したがって、たとえば事業本部長が判断するとき、パンクさせないようにと、ほぼ必ず「スタッフ」がつき、ラインからさまざまな情報を取って、事業本部長を助けようとします。それがどんどん大きくなる。「現状」をあまり知らない事業本部長が、より正しい決断をしたいと思えば思うほど情報に対するニーズが高まりますし、結果としてスタッフ部門の社内での地位も上がり、きれいなパワーポイントを作ることが「良い経営」であるという勘違いがまかり通ったりします。意思決定が遅れ、本社コストも上がり、業績が悪化、「マトリックス組織は使えない」ということで、組織変更が繰り返される典型的なパターンです。

愚直な正攻法は、それぞれの担当、あるいは担当部門の長が集まって議論して調整、統合する方法です。これは会議で侃々諤々《かんかんがくがく》やらなければいけないわけで、相当な時間とエネルギーが必要です。そもそも「調整」をするためにはすべてを吐き出さなくてはならないわけですから、当然といえば当然です。この面倒な侃々諤々を無駄、つまり、機会損失と考える限り、組織は決して良くなりません。必ず一度は越えなくてはならない山なのに、いつも途中で引き返すから、無駄のように見えるのです。

また、最終的に利害を調整するための「基準」をはっきりさせなくてはなりません。それは「目的」であり、「企業理念」や「価値観」です。意見が立場によって全く異なる状況が何度も現れるのがマトリックス組織の「良いところ」であるわけで、そうしたこれまでの基準やルールを超えるコンフリクトを解消できるのは、より高度な次元である「企業理念」や「会社の目的」が浸透していればこそなのです。

ゴーン氏が日産の改革に成功したのは、そうした対立に真っ向から向き合い、妥協をしなかったことです。そうした対立を生かすことで、また、「目的」であり「企業理念」と「価値観」を再確認、共有できたともいえるでしょう。

この手間のかかる作業をそれぞれの立場のリーダー（トップ、ミドル）が行ってきたのが、ヨーロッパを本拠地にしながら「世界のおよそ一〇〇カ国に一二万四〇〇〇人の従業員を擁する電力技術とオートメーション技術のリーディングカンパニー」であるABBです。担当の部門長が多くの権限を委譲され、自分たちで議論をして全社最適をめざした「調整」を行うことで、マトリックス組織の良さである多様な情報を生かしながら迅速な意思決定を両立させてきたのです。

当然、社員は上司に対しても自分の意見を堂々と述べることが求められます。「小さい本社」を実現させる企業として経営書に頻繁に登場した背景には、マトリックス組織を機能させるさまざまな手間と努力、そして、それができる人材があったのです。

マトリックス組織の本質は「対立の顕在化」にあり、その対立をマネージするだけの覚悟と努力と人材がなければ機能しない。

4

コンセンサスとスピードの勘違い

会議に関してよく言われるのが、「根回し」です。「会議の目的」とも関連しますが、たとえば、経営会議や執行会議と呼ばれるような経営トップの会議は、本来いろいろな意見を出し合って「ガチンコ」で経営課題に対する方向性を決めるために存在するはずの会議です。

にもかかわらず、担当部門が役員一人一人に説明に行き、「内諾」を取ったうえで会議にかけられるとすれば、会議自体は象徴、あるいは、「ちゃんとみんなで決めたんです」というポーズでしかありません。そのために、高給取りが何人も集まって、場合によっては本社ではなく、遠く離れた観光施設でゴルフのついでに決めるのであるとすれば、機会損失というより、ただの損失であると言ってもよいくらいです。

それでは、なぜ「根回し」がはびこるほど存在するのでしょうか。

一言でいえば、「根回しなしで議論などしようものなら、部門間や担当役員間の意見がかみ合わず、会議がグチャグチャになる」ので、より会議を「生産的」にするために根回しをするのだ、ということでしょう。

対立を顕在化することなしには調整などできないにもかかわらず、対立を避けてきたり、あるいは、大きな本社が何とか調整をすることで息絶え絶えになりながら進んできたのが、これまでの日本の組織の典型といえるような気がします。和とかチームワークとかを「波風が立たないように遠慮する」と大きな勘違いをした結果でしょう。「必要悪」という言い訳で、本当の問題から目を背けてきた結果、機会損失が発生することも気づかなかったということです。

さらに、日本はコンセンサス型の意思決定をしようとするからスピードが遅いという指摘は、たとえば最近の英『エコノミスト』でもいまだに見られます。これは、半分は正しいとは思いますが、半分は間違っています。コンセンサスを求めるから遅れるのではなく、いつまでに決めなくてはならないかがわかっていないから遅れるのです。

スタッフも、スタッフを使うトップも「何を決めなくてはならないか」と同じか、それ以上に「いつまでに決めなくてはならないか」に敏感でなくてはならない。それは、コンセンサスが好きだから、意思決定が遅いのだ」などと誰かが言うのを鵜呑みにして、「だから、俺たちはダメなんだ」などとマゾヒスティックに自己満足していてはいけないのです。「早すぎる決断による失敗」や「遅すぎる決断による失敗」は、日本ではどうも前者を「拙速」といって、より忌み嫌う傾向にあるような気がします。

すべての場合がそうだとは言いませんが、「早すぎる決断による失敗」と「遅すぎる決断による失敗」を比べた場合、前者のほうが修正したり、やり直す時間があるだけ希望を持ちやすいのではないでしょうか。また、時期が遅れれば遅れるほど、問題が複雑になったり、資源が不足したりという傾向があることも忘れてはなりません。

日本企業、そして日本国民は、その（現場の）優秀さのために、不完全な段階でゴーを出すことに対しての抵抗が大きいのだと思います。

業界の株価指数を一〇倍以上上回る株価パフォーマンスを上げた企業を「10X型企業」と名づけ、その企業、そしてその経営者が、そうでない企業と何が異なったかを解き明かそうとした『ビジョナリーカンパニー4』で、著者らは「10X型企業はどんなときにでもスピーディにではない」とわざわざ指摘しています。

つまり、「早く行動しすぎるときにリスクが高まる。遅く行動しすぎても、時にリスクが高まる」という基本を認識し、決定し、行動するまでにどれくらいの時間があるのかを見極め、その時間を最大限に活用することが重要なのです。

もっと極端に言えば、たとえばペナルティを払っても、時間をかけたほうがトータルで見てよいなら、時間をかけることが正解なのです。繰り返しになりますが、機会損失とはその場その場の一面だけを指す概念では決してありません。

「決めない」という状況は、宙ぶらりんで気持ちの悪いものです。まさにそれは不確実な状態だからです。京都大学名誉教授の中西輝政氏もその著書『本質を見抜く「考え方」』で同じようなこと、たとえば「人は答えが出ないことに耐えられず、早まって誤った判断を下すことが多い」や、「悩み、惑い、試行錯誤することこそ、考えを深める訓練の場である」といった指摘をされています。

日本の経営者もコンセンサスとか日本型経営とかを都合の良いときだけに悪者にせず、より本質的な課題である、「タイミング」や「いつまでに決めなくてはならないか」に対する感度をもっと上げ、時間があるときは中途半端さを自分の中で咀嚼しながら、より良い意思決定を求める必要があるように思いますが、いかがでしょうか。

コンセンサスを取ろうとするから組織の意思決定が遅れるのではなく、いつまでに意思決定をしなくてはならないかというタイミングへの感度が鈍いから、意思決定が遅れる。

5

広島では投手と野手が確執をなくした？

広島東洋カープがセ・リーグ二連覇を達成した翌日の二〇一七年九月一九日の『日刊スポーツ』には、「投手と野手の確執……危機を克服できた広島の強さとは」という記事が出ていました。順風満帆の優勝では決してなく、九点差をひっくり返された五月六日の阪神戦の「甲子園の悲劇」をはじめ、投手と野手がお互いを責め合い、崩壊寸前になったこともあったといいます。

（甲子園の悲劇の数日後）選手は、動いた。中堅選手を中心に投手、野手を交えて話し合った。空気は重い。ただ、このままでは修復不可能になる。野手側の力が強く、長く続いた低迷期にあった「投手と野手の背離」が始まる気配すら漂っていた。わかり合うために。言葉をぶつけるのではなく、言葉を交わした。

　前年優勝できたのはなぜか。優勝に必要なものは――。「共通の目標」を再認識しながら時間をかけて軌道修正した。…（中略）…

　だからこそ、八月の「横浜の悪夢」も乗り越えられた。春季キャンプから若手を積極的に食事に誘い、一体感の重要性を伝えてきたチーム最年長の新井は初戦の後に変化を見た。「（今村）猛を（野村）祐輔が最初に迎え入れた。お互いが『ゴメン』『すまん』と謝る。若い（中村）祐太も前に出て声を掛けた。そこに野手も集まる。いい光景だと思った。黒田さんの〝遺産〟もあるかな」。一体感を最重要視した黒田氏の残り香も、あるべき方向へ誘ってくれた。


　経営学の祖であるチェスター・バーナードが指摘するように、組織とは、一人でできない仕事を達成するためにあります[3]。組織が大きくなれば、役割分担をしたり、部門を分けることは必然です。いったん役割や部門を分ければ、それぞれのミッションもまた異なり、たった九人でしかない野球ですら、役割間の対立は生まれるのです。それは、他の役割の担当者が嫌いだからとか別部門が遊んでいるからとは関係なく、自らのミッションをでき

（3）Barnard (1971).

るだけしっかりやりたいという真剣度の現れです。「対立のない組織は弱い」と申し上げたのはその意味です。

しかし、もう一つ大切なのは、言うまでもなく「協力」することです。この点に異を唱える方はいないと思いますが、それでは、いつどのように協力すればよいのかとなると、今ひとつわからない。「協力」と「妥協」はどう違うのかと思う方もいらっしゃるでしょう。

もちろん、組織の大きな目的、理念、ミッションに基づいたら、「当然、ここは協力するべきだ」ということはあるでしょう。しかし、繰り返しになりますが、役割や部門が分かれたときに、それぞれの部門は組織全体の目的達成のために良かれと思って突っ張ることが多く、「目的」さえ共有していれば、自動的に全体最適になると考えるのは現実を知らない未熟な見方です。目的の共有は必要条件であっても、十分条件ではないのです。

であれば、どうするか？　現実的には、これは組織によって違うと思うのですが、一つ共通するのは他の人、他の部門に自分の至らなさを認める、たとえば「助けて」と言ってみることです。広島の例で言えば、「ゴメン」や「すまん」というのが、これに当たるのではないかと思います。

組織においては当然ですが、「仕事ができる」とか「優秀」であることが望まれ、高く評価されます。そういう環境では、出世や評価という点でもできるだけ自分の弱いところは隠したいですし、実際、「自分の弱いところを直すために、夜間に学校に通って勉強している」ような努力家の方も多くいらっしゃいます。

しかし、すべてにわたって卓越しようというのは無理があります。そもそも、戦略の基本的なアイディアが「限られた資源を自社の強みに重点投下することにより差別化を図る」のであるとすれば、全く同じことは部門についても個人についても当てはまるのです。

そして、限られた資源の中で、自分の強みを生かし、組織で活躍するためには、自分の弱みを誰かに補ってもらうことが必要です。そして、そのためには、自分の弱さを認め、助けを請うことができなくてはなりません。さらに言えば、それはトップ一人がそうでなくてはならないということでは全くなく、組織のメンバー全員で、それぞれの強いところ、得意なところだけでなく、弱いところ、できないところも出し合うことで、弱さを補い、組織の持つ力が本当に発揮できるはずです。

現実には「助けて」と一言発することは、地位が上がるにつれて難しくなります。学会で会ったノースウェスタン大学（ビジネススクールは大口寄付の企業名を取って、「ケロッグ」と呼ばれています）の先生が言っていたのは、「だから、エグゼクティブプログラムでは、『助けて』という練習をまずしてもらう」という、びっくりするような、しかし、なるほどという話でした。

「弱さを見せられる」ことの背景には、「自分の弱みを見せても、他のメンバーは馬鹿にしたり、軽んじたりすることなく、自分を助けてくれる」という気持ちが、組織の中に行き渡っていることを意味します。(4) 弱さを認めることは損失ではなく、他人・他部門の力を引き出すチャンスなのです。

さらに、「弱さを見せられる」ということは、「間違った意見を言うことを恐れない」「反対意見を言うことを恐れない」ということにつながります。もし間違っていることを言ったとしても、素直に間違いを認めれば何の問題もないということを、みんな知っているからです。

実際、組織で「助けて」という場合、弱いと見なされるどころか、助ける側は喜々として助ける、自分が貢献できるのを誇りに思うことがほとんどで、ますます協力関係、信頼関係は深まるのです。

DeNAの創業者、南場智子氏も以前、KBSに来てくださったときに「年上の経験豊富な社員を率いる若手リーダー」の話をされていました。若手リーダーは、最初は「なめられまい」とばかりに、張り切るわけですが、なかなかうまくいかない。頑張っても頑張っても空回りで、ついには疲労困憊、チームも「崩壊寸前」で、にっちもさっちもいかなくなったといいます。

そして、どうしようもなくなって彼が言った「自分はダメなリーダーです。助けてください」という一言がチームの「潮目」を変えたのだそうです。その言葉を聞いた経験豊富な社員たちは、心を打たれ、彼を助けてやろうと一丸となり、最強のチームに生まれ変わったそうです。

信頼がない、つまり、自分の弱みをさらけ出せないということは、つまり、本音の議論ができない、あるいは問題を隠す組織であるということであり、結果として力を合わせて何とかこの組織を良くしようというコミットメントも責任感も生まれず、「目標のために力を合わせて困難を克服する」のではなく、「波風を立てない範囲でうまくやる」ことばかりが優先されてしまいます。

当たり前ですが、コミットメントがなければ、結果に対するこだわりもなく、言い訳と傷口のなめ合いばかりが組織に蔓延し、それを良しとしない社員は出ていきますので、悪循環はさらに深まります。

目的の共有は協力の必要条件であって、十分条件ではない。
組織の信頼とは、自らの弱みを見せられることである。
自分の弱みを見せ、助けを求めて初めて協力が得られる。

(4) 清水(二〇一七); Lencioni (2002) を参照。

6 アマゾンのリーダーシッププリンシプルの示唆

アマゾンでは「社員はすべてリーダーだ」と言い、そうした「リーダー＝社員」に求める一四の基本行動原理を掲げています。[5] その中の一つに「Have backbone; Disagree and commit」があります。この説明には日本語もあるのですが、ジェフ・ベゾス氏の本当の気持ちが伝わってこないような気がしますので、あえて英語版を挙げます。

> Leaders are obligated to respectfully challenge decisions when they disagree, even when doing so is uncomfortable or exhausting. Leaders have conviction and are tenacious. They do not compromise for the sake of social cohesion. Once a decision is determined, they commit wholly.

アマゾンの社員は、ＫＹと言われようと、摩擦を生んで面倒なことになろうと、納得できなければとことん反論（挑戦＝チャレンジ）しなくてはならないのだということ、ただし、言いたいことをすべて言って、最終的に反対の結果になったとしても、その後は一〇〇％コミットしなくてはならないのだというのです。

そういう話を幹部研修などですると、決まって返ってくるのが、「先生、それはアマゾンだからできるのです。和をもって貴しとなす日本企業では無理です」という反応です。

なるほど、それでは仕方がないですね……と言いそうになりますが、少し考えてみてください。第1章でも触れましたが、アマゾンのベゾス氏といえば、株主やアナリストの意見にどこ吹く風といった顔で、赤字覚悟でクラウドやビデオ・オンデマンドはもちろん、二〇一七年のホールフーズ買収後は店舗小売や配達業務にまで手を広げようとしており、海外ではインドなどにいずれもガンガン投資をし、結果を出し続けている強力なリーダーです。二〇一八年の『フォーブス』では「世界一の資産家」にランクされ、アップルのスティーブ・ジョブズ氏の亡き後、おそらくアメリカで一番「いけている」、ということは、世界で一番「いけている」CEOと言ってもよいでしょう。

そんなCEOの下には、当然野心家でアグレッシブな幹部、社員が集まります。日本の組織に比べてアメリカの組織、特に西海岸のそれはそもそもフラットですが、上下の関係を気にすることなくガンガン言いたいことを言う社員ばかりがいるでしょうし、そういう性格でなければ生き残っていけないでしょう。

そういう会社だから「Have backbone; Disagree and commit」というのだ……とは私は思

（5）http://www.amazon.jobs/principles

いません。そういう、アマゾンのような会社であっても、ともすれば、社員は「楽をしたい」「あの人に逆らって後で面倒になるのは困る」「疲れたから、まだ言いたいことはあるけど、これくらいでもういいや」と思ってしまうことはあるはずです。だからこそ、わざわざそういったリーダーの基本を宣言し、周知徹底を図っているのではないでしょうか。

多様性が叫ばれるのは、性別や人種の違う人がいれば自動的に会社が良くなるのではなく、そうした多様な社員が異なる意見を率直に言い合ってより良いアイディアをみんなで考えるところにあるのです。それは面倒なことです。そして、アマゾンはそれを知っているのです。

翻って、「和をもって貴しとなすだから、反論なんかできない」と思っている日本企業は、初めから組織の力を出すことを諦めている不戦敗です。さらに言えば、そうした組織では「和」があったとしても、それは本当に信頼がベースとなっているというよりも、単に波風を立てたくないという日和見主義がベースになっているのではないでしょうか。

コンサルタントのロッシェル・カップ氏は、「日本人は勤勉だが、多くの人は楽しいからではなく、義務感や恐怖感から働いている」[6]と指摘しています。

失恋の歌などでは、「嫌いになってもいいから、忘れないで」なんていう文句が出てきます。「好き」の反対は普通「嫌い」と思われがちですが、実は「無関心」だそうです。

同じことは組織でも言えます。「喧嘩するほど仲がいい」とまでは言えないかもしれませんが、対立して、喧嘩ばかりしている組織は、実はそんなに悪くないのです。喧嘩ができるというのは、半分は大人げないとか感情的だということなのですが、半分は本音を言い合っているということでもあるのです。少なくとも、信頼につながる「種」はあります。

このポイントは、海外で仕事をする、特にM&Aで海外企業を買収したようなときには非常に重要になります。価値観の異なる異文化の人たちとは、「何が同じで、何が違うか」をはっきりお互いに理解できるような、面倒な喧嘩とも言える「対話」が不可欠だからです。

一方で、喧嘩をしない、つまり、本音を押し隠して、仲良く見せているような組織の問題は、より根が深いことが多いです。「仮面夫婦」という言葉もありますが、「仮面組織」かもしれません。ほかの部門が何をしているかも知らない、関心がない。結果が出なくても、お互いに本音で議論することなく「かばい合っている」ようなふりをして、事を荒立てないようにしていると、何となく社内は平穏に見えますが、内部では腐食が進んでいることに気がつきません。

さまざまな企業の再建を成功させ、現在はミスミグループ本社のシニアチェアマンの三枝匡氏の著作[7]には「一般に企業の業績悪化と社内の危機感は相関しない。むしろ逆相関だ

(6)「私の異文化交流術」『日本経済新聞』二〇一五年六月二九日。
(7) 三枝(二〇〇六)。

と言ったほうがいい。つまり、業績の悪い会社ほどたるんだ雰囲気であることが多く、業績の良い成長企業のほうがピリピリしている」といった指摘が出てきます。気骨のある社員はどんどん辞めていき、褒め殺しが得意な社員が幅を利かせる……あまり考えたくない組織が出来上がり、そして衰弱し、死んでいきます。

アマゾンですら、対立の必要性を公式にうたい、面倒なプロセスを避けずに多様性を生かすことを全社員と共有しようとしている。
「好き」の反対は「無関心」。

ノート❶

日本企業の中国・アジア市場進出はなぜうまくいかないのか？

日本の高齢化、少子化に伴う市場の成熟は待ったなしです。多くの日本企業にとって、日本市場だけにこだわることは成長放棄を意味し、海外進出、グローバル化は古くて新しい課題です。これまでも自動車メーカーを中心とする欧米市場への進出、あるいはコスト削減のための工場の海外移転はありましたが、成長著しい新興企業、特にアジア市場の取り込みは、多くの日本企業にとって最重要課題の一つです。

しかし、最重要課題であることと成功していることとは別の話です。自動車企業以外にも味の素、花王、ピジョン、あるいは無印良品といった成功企業は、マスコミでもよく取り上げられますが、むしろ失敗事例のほうが圧倒的に多いのが現実です。

もちろん、苦労しているのは日本企業だけではありませんが、BCGの二〇一三年の調査によれば、新興市場の開拓に関して期待と現実のギャップが最も大きいのが日本企業です。[8] 実際、一九九五年にはフォーチュン・グローバル五〇〇のうち一四九社あった日本企業は、二〇〇九年には六五社にまで激減しています。

なるほど、やはりアジア市場、特に中国市場はいろいろあって難しいんだろうな、と思うかもしれません。しかし、考えてみてください。今やアメリカ市場でも磐石の地位を築いているトヨタやホンダでも、一九五〇年代後半に初めて参入したときは、アメリカ車に比べてはるかに技術力で劣り（たとえば、加速力が弱く、高速道路に乗れない車もあった）、厳しいスタートでした。

それがここまでになっていることを考えれば、技術力や商品力で現地企業をはるかにしのぐ「ジャパンクオリティ」をもってすれば、なぜそんなに苦労しているのでしょうか。もし市場側が最大の問題であるとすれば、味の素、花王、ピジョンといっ

（8）The Boston Consulting Group (2013).

た企業が成功している理由も説明できません。

日本企業の苦戦に対して、たとえばマッキンゼーのコンサルタントたちは、①グローバル化の重要性とそこでの提供価値を社員としっかり共有する、②英語を公用語にする、③積極的に多様な人材を採用する、④グローバルマーケティング組織を作る、⑤グローバルでのシナジーを追求する、といった五つの処方箋を挙げています[9]。

こうした指摘は間違っているとは思いませんが、②以外は大企業であればどこもある程度はやっていそうです。たとえば、前述の四社と他の企業がこうした点でどれくらい異なるのかを考えてみると、どうも納得がいきません。

こうした問題意識の下、プライスウォーターハウスクーパース(PwC)のメンバーと共同で二〇一二～一四年に行った大手日本企業の海外担当役員を中心にした二〇社を超えるインタビュー調査「日系企業のグローバル化に関する共同研究――新興国での成功への示唆に向けて」では非常に興味深い発見ができました。この調査はPwCのサイトにまとめられていますし、さらに手を加えて、私が学術論文としても発表しています[10]。

まず、日本企業の新興国での基本的な方針と現状認識をまとめれば、ほぼ共通しており、次の五点に集約できます。

- これまで磨いた商品力・技術力を生かす。
- 価格競争は避ける（現地企業との競争は避ける）。
- ハイエンド市場を狙い、ボリュームゾーンを避ける。
- 現地の状況（政府対応を含む）をより深く知り、マーケティング力を高める必要がある。
- 苦労をしているが、試行錯誤を経て何とか（順調に）市場進出は進んでいる。

これらは特段目新しいことではありません。特に、日本市場で磨いた技術力を生かし、ハイエンドを中心とした高い付加価値で差別化を図るという方針は、「強みを生かす」という戦略の定石に合致しています。

しかし、私たちが不審に思ったのは、さまざまなソースから集めたデータによれば、インタビュー企業のほとんどが地元または欧米競合に対して後れを取っているにもかかわらず、それほど高い危機感、苦悩が感じられないことでした。「試行錯誤」と言

（9）Iwatani, et al. (2011).

（10）「日系企業のグローバル化に関する共同研究――新興国での成功への示唆に向けて」二〇一四年一月（https://www.pwc.com/jp/ja/japan-knowledge/archive/assets/pdf/kbs-keio-globalization140131.pdf）、論文としては、Shimizu (2014) などがある。

いながら、「そこそこ」の成長で満足、あるいは「こんなもんだ」という半ば諦めにも似た割り切りが感じられたのです。

もう一つ気になったのは、苦労している（競合に比べ低いシェアに甘んじている）企業ほどアジア、中国の市場側の問題（市場が読みにくい、流通が確立していない、規制がコロコロ変わる、など）を挙げており、「不確実」や「想定外」といった言葉がよく出てきたことでした。

こうした問題意識をさらにメンバー間で深め、また、追加インタビューなどを重ねて至った結論は、どうも多くの日本企業は、「アジア進出自体」が目的になっており、日本市場よりも成長していれば満足してしまっているということでした。たとえ市場自体、あるいは競合が年率二〇％で成長していても、日本市場がそもそも成熟状態にある中、アジア部門が一〇％で成長すれば十分だと思っていると感じられたのです。

そう考えてみると、「ハイエンド」で入ったはずがいつの間にか地元企業に追い上げられ、シェアを上げるどころか縮小してしまう携帯端末事業のような例がゴロゴロしていることにも納得がいきました。

図表4-1で示すと、左側がアジア市場参入時に「見える」部分、そして右側の点線部分が「見えない」部分です。そして、その「見えない」部分がどんどん現実化しているのですが、本社の役員室からは、いまだに「よく見えない」あるいは「見るの

図表4-1　日本企業のアジア進出の「見える」と「見えない」

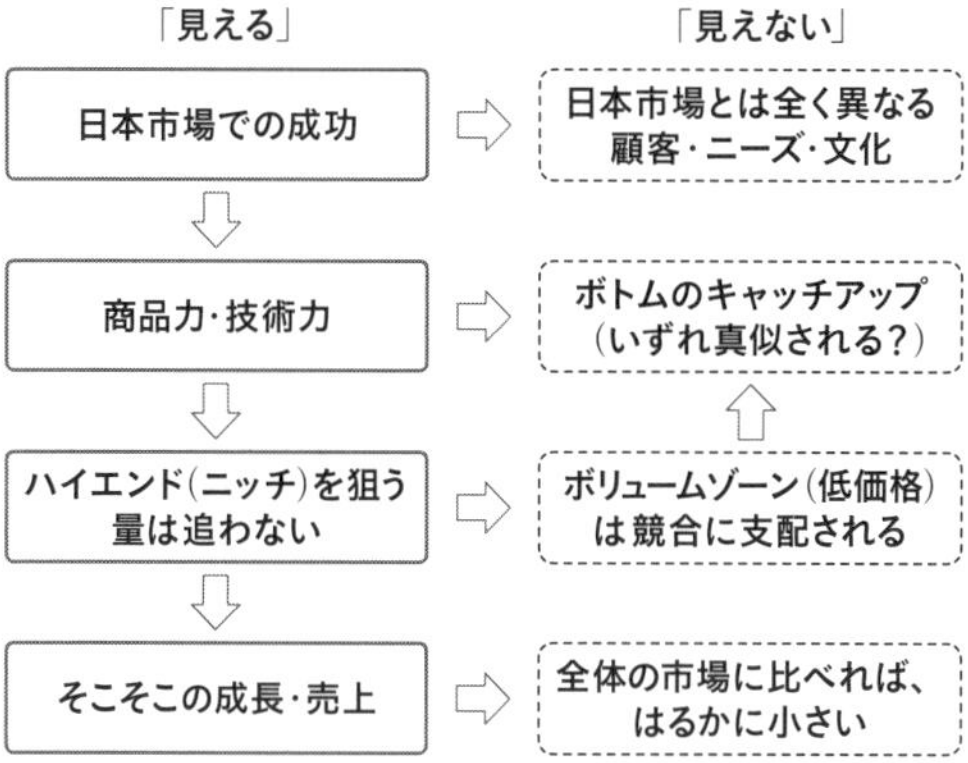

を拒否している」ように思われました。

そう考えると、多くの日本企業は技術力・商品力があったのに失敗したというよりは、技術力・商品力があったから、知らず知らずのうちに驕り、市場を知るというよりは「売れないのは市場の民度が低いせいだ」といった上から目線で対応し、自分たちの成功モデルを繰り返すだけで新しい学習をしなかった、いや、するのを拒んでいたからではないかと思われるのです。

私たちが出会ったのは、欧米市場で苦労を積んだにもかかわらず、①アジア市場ということになると、いつの間にか技術力だけでなく歴史的な背景を含めた優越感にも似たバイアスの犠牲になり、②本来異なった市場であるというよりは、新興国だからという理由で地元市場を低く、あるいは未

図表4-2　日本企業のアジア進出の問題の構造

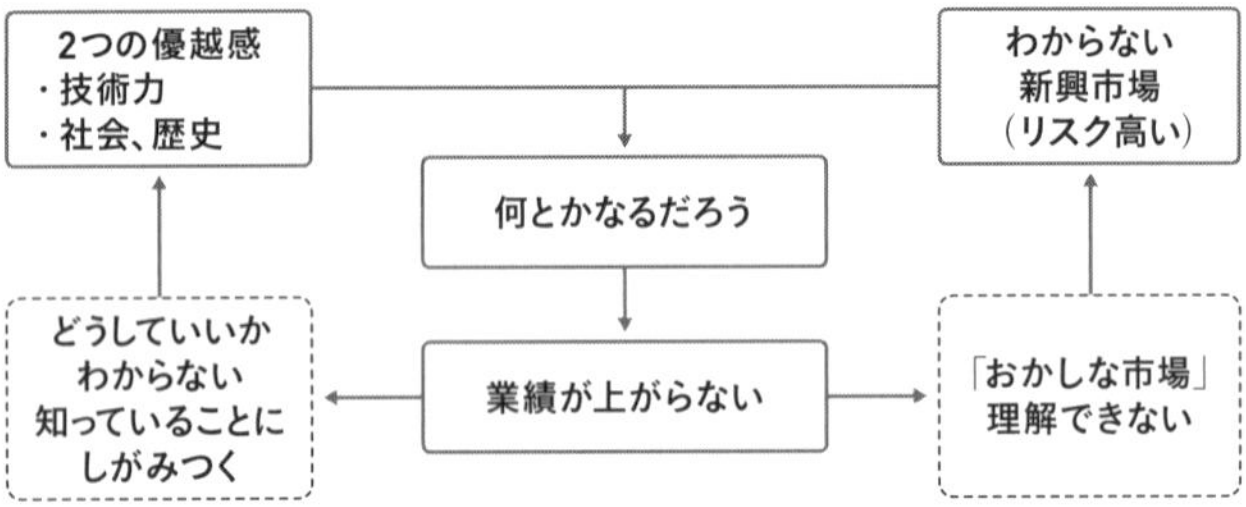

成熟でよくわからないと考えてリスクを取らない結果、いつまでも日本生まれの戦略（deliberate strategy）に頼って、新たな発見に基づく戦略（emergent strategy）の発見が生まれず、ジリ貧になる多くの企業でした（図表4-2）。

さらに言えば、そうしたバイアスのかかったマインドで自分たちはベストの戦略を実行していると思っているので、なぜうまくいかないか、本当のところはよくわかっていないように感じられました。だから、「不確実」や「想定外」といった、外部環境の問題を挙げざるをえないのです。

こうした優越感とバイアスが混合した状況では、「リスクが高いから、あまり投資しない」「投資しないから、業績が上がらない」「業績が上がらないということは、リスクが高いということだ」という、悪循環が進みます。

こうして、本当の問題はよく理解できず、かといって十分に投資をしていないので学習も起こらず、日本ブランドや技術が優位性を持つうちはそれなりに稼ぐことができますが、地元企業が必死で追い上げてくる中で、次の一手が打てず、結局は「中国市場はおかしい」とか「理解できない」という、「酔っ払いのジレンマ」の中で業績が悪化していくのです。

そう考えてみると、マッキンゼーのコンサルタントたちが挙げた五つのポイントはおそらく因果関係というよりは相関関係、そして、「失敗企業だけを見て失敗の理由を探す」サンプリングバイアスの結果ではないかと思うのです。見やすいところ、目立つ特徴だけに注意を払うことの危険と、バイアスの恐ろしさ、そして、実行の大切さを改めて提示してくれる調査になりました。

第III部

後悔と機会損失

検討したプランを実行チーム全員に話すときは、これしかない、行ける、という信念を前面に出したほうがよい。本当は迷いだらけだし、そしてとても怖い。でも、それを見せないほうが成功確率は格段に上がる。
迷いのないチームは迷いのあるチームよりも突破力がはるかに強いという常識的なことなのだが、これを腹に落として実際に身につけるまでには時間がかかった。

——南場智子

第5章 「機会損失を避けたい」という機会損失

1 「もったいない」という機会損失

今回、本書をまとめるにあたって、何冊も「捨てる」というキーワードの入った書籍を読んでみました。『捨てる技術』や『捨てる力』、はたまた『捨てる勇気』などなど。アマゾンで検索すると五〇〇冊以上がヒットしますが、ビジネス関係というよりは、整理、収納関係、あるいはライフスタイル関係が多いように思います。第2章でも触れた、自分が保有すると、(客観的には)たいした価値がなくても価値があると思い込んでしまって、捨てられない「保有効果」が大きいのがわかります。

しかし、いずれにせよ、多くの層の方が、多くの理由で「捨てられなくて困っている」ということはあるようです。そして、その大きな理由が「もったいない」ということです。

確かに、捨ててしまうと価値、少なくとも将来的に価値があるかもしれないものや事業を切り捨てるという意味で、機会損失が発生しそうです。

しかし、現実に考えると、「捨てない」ことは「コストがかからない」ことでは決してないことを忘れがちです。そもそも、物を取っておくことは「管理コスト」がかかります。都心の狭いマンションで、洋服のためにスペースを取られているということは、そのために不動産コストが発生しているのです。

アマゾンの「ロングテール」のように、インターネットによって「在庫コスト」が猛烈に減った場合もありますが、それがあなた、あるいは自社に当てはまるかどうか、「機会損失」までを考慮したうえで問うてみる必要があると思います。

確かにコストの低い新興国の企業と戦うために一円を切り詰める経営の基本として、「もったいない」は重要です。飛行機でもエコノミークラスしか使わない社長、出張にはできるだけ割引切符を使い、東横インに泊まる上場企業の役員の姿勢には頭が下がることも多いです。

しかし、問題はいつの間にか「使うことが何でも悪」となっていないかということです。手段である費用の節約に走って、本当に「目的」が達成できているのかどうか。そして、そこには往往にして、節約をはるかにしのぐ機会損失が発生しているのです。

一つは「もったいない」と切り詰めるために、目的を達成するための最低限の投資、つまり「閾値」に到達しないことです。六〇点が合格とすれば、五九点でも〇点と同じです。

インターネットの一時代を築き、一二五〇億ドルもの時価総額を誇ったこともあるヤフーが、二〇一七年に大手通信会社ベライゾンに約四八億ドルで買収されました。現在は会社の名前は「アルタバ」となっています。

その栄枯盛衰の陰で、二〇〇六年にヤフーがフェイスブックを買収寸前まで行ったことはあまり知られていません。グーグルがユーチューブを一六・五億ドルで買収を決めた数日後、当時一〇億ドルでいったん合意をしたのです。

しかし、その後、ヤフー側が自社の株価の低迷の影響もあり、「値切った」ために交渉が決裂したといわれています。二〇一七年時のフェイスブックの時価総額は五〇〇〇億ドルを超えています。もったいない！　ちなみに、二〇〇八年にはマイクロソフトが提示した四四六億ドルの買収提案も、「低すぎる」といって蹴っています。

もう一つは、「もったいないから手元にある資源を使おう」という名の「あり合わせ」で取り組む結果、「最適の手段」で取り組む競争相手に負けることです。

たとえば、企業戦略における多角化は、シナジー、つまり、既存の強み、資源が有効活用できることによって、競合他社よりもより効果的に、あるいは、より効率的に展開できる事業への参入がよいと「一般的」にはいわれます。逆に、自社の資源も生きない、あるいは、知識もないような事業への参入は「飛び地型」などといわれ、バブルのときに見られた、メーカーがゴルフ場経営をする、などのように失敗するケースが大半です。

しかし、これはロンドン・ビジネススクールのマルキデス・コスタス教授がずいぶん前に指摘していますが、「自社の資源が生きる」ことと「競争に勝つ」ことは全く別です[1]。彼が言うのは、「たとえば、ある事業の成功要因が三つあるときに、当社は一つあるから、この事業に参入しよう」として失敗するケースです。あのトヨタ自動車でさえ、「どちらの事業も鉄を使う」ということで参入した住宅事業がパッとしないのは、そんなところにありそうです。

そして、実はもう一つ、より重要な多角化の問題は、「こういう事業で、こういう目的を果たしたい。そのために必要な資源に関して、当社は競争に伍してやっていけそうだ」という経緯で参入する企業はむしろ少なく、「当社はこういう資源があるから何かできないか」、もっと極端に言えば、「当社は人が余っているから、何かできないか」という手段から参入することが多いという現状です。

要は「余剰資源の有効活用」ですが、そうした視点で新規事業を考えると、どうしても「競争で勝てるか」ではなく「資源・人を使えそうか」という点に(無意識に)引っ張られます。冷徹に事業の論理で戦略を考えるというよりは「何とかなるんじゃないか」という「期待」あるいは「幻想」に基づいて意思決定が進みます。企業の成長や競争優位、ある

(1) Markides (1997).

いは、顧客満足度を上げるというよりは、むしろ「人がいるから仕事を作る」ために多角化するとすれば、結果はほぼ見えています。

一九七一年に営業を開始したサウスウエスト航空はＬＣＣの草分けとして有名で、拙著(2)を含めて多くの経営書や論文が取り上げています。ハーバート・ケレハー氏という型破りな経営者も魅力でしたが、個人的に一番重要だと思っているのは、今どきのインターネット絡みのハイテクでも何でもない事業において、なぜヒト、モノ、カネ、そして顧客情報や知識も豊富にあったはずの大手航空会社すべてが、テキサスの片田舎からポッと出てきた企業に出し抜かれ、さらには、真似もすることも中途半端で、規模の利益を享受できるはずがコスト的にも全く太刀打ちできなかったかという点です。

詳しくは他の書籍に譲りますが、一言でいえば大手企業が「もったいない」と思ったからです。顧客に最も低い価格で飛行機の旅を提供するために、サウスウエストはローコスト構造にとことんこだわりました。機体は一種（ボーイング737）のみ。したがって、整備や部品在庫コストはもちろん、技術者もパイロットも「一種類」でよく、入れ替えがききます。旅行代理店も使いませんし、席の指定もありません。遅れたとしても何の補償もしなかったといいます。

一方で、大手の航空会社は、ＬＣＣの子会社を相次いで作り、サウスウエストに対抗しようとしました。しかし、そこでの決定的な問題は「既存資源の活用」、つまり、せっかくいろいろな飛行機があるからそれを使えばいいじゃないか、せっかく旅行代理店とつながりがあるから使おう、せっかくカウンターに人がいるのだから、……というわけで「ローコスト構造」で勝つことが本来の目的であったはずが、「既存資源の活用」が目的になってしまったのです。

結果として、一つ一つはたいしたことはないのですが、小さなコストが積み上がり、「ローコスト構造」を徹底的に追求したサウスウエストに全く勝てないということが起こったのです。

実は、日本の半導体業界でも同じようなことがありました。ある会合に何度か出させていただいたのですが、一時期わが世の春を謳歌した日本の半導体業界の凋落は、決して「技術力がなかった」からではなく、技術力がありすぎて、それを捨てられなかったことにあるというのです。

古い技術をさらに高めることで、新興企業が生み出した技術に対抗できていたのですが、「あるとき、台湾のファブレス企業を訪れて愕然とした」とか、「私たちよりも製造工程が信じられないくらいシンプルだった。常識を覆された」とおっしゃっていたのは、ある大手企業の元副社長でした。

（2）清水（二〇〇七a）。

これは、まさにハーバード・ビジネススクールのクレイトン・クリステンセン教授が「イノベーションのジレンマ」と名づけた現象です。大手企業は、過去の（栄光ある）技術を捨てられない結果、「何とかなる」とさらに資源をつぎ込み、複雑化し、結局粗削りであってもシンプルな新技術に負けていくのです。

そう考えてみると、「経験」って何だろう？　と思います。「経験豊富」というのは、通常は良い意味で使われますが、結局、意思決定を過去の経験に照らし合わせて考えるという意味では、もしかしたら自分で考える力がないということかもしれませんし、現実をよく見るのを怠っているということかもしれません。

インテルのゴードン・ムーアとアンディ・グローブが事業の撤退やトップ人事の見直しを決めるときに、「もし新しいCEOだったら」や「もしこれから参入（あるいは採用）するのだったら」という視点を持っていたことは有名です。「ゼロベース」とは「教科書的」と同じで、多くの方が考えているほど悪いことではないと思います。組織のドロドロにいつの間にか曇らされた目を洗い流し、経営の原則に引き戻してくれるからです。

「自社の既存資源の活用」は、しばしば事業の論理に最適解でなく、機会損失を避けたつもりがより多くの損失を生み出す。
「経験が大切」というのは、単に「現実をよく見ていない」ことかもしれない。

2 エスカレーション・オブ・コミットメント

実は、こうした「捨てられない」や「やめられない」傾向は、心理学、経営学の大きなテーマの一つとして、研究者が過去からさまざまな事例、その原因を指摘しています。ダムを完成させるにはもう数十億円いるけれど、もう八割がた作ってしまったから、あまり効果が見込めないけれどやるしかない、というのはその典型例ですし、石原慎太郎元都知事をして「進むも地獄、引くも地獄」と言わしめた、新銀行東京もそうです。

他にも研究対象としては、「コンコルド」や「モントリオール万博」など、大きいものが多いですが、「アメリカのプロバスケットボール（NBA）の世界では、高い契約金を支払ったドラフト一位の選手は、結果が出なくても使い続ける傾向がある」などという研究もあります[3]。

こうした、失敗したにもかかわらず資源を投入し続け、さらに傷口を大きくする現象は経営学では「エスカレーション・オブ・コミットメント」と呼ばれます。日本でも、たとえば、融資先の経営がおかしくなったとき、そこでやめておけば一〇億円の損失で済んだ

(3) Staw and Hoang (1995).

ものの、何とか立て直そうとさらに一〇億円を追加融資して結局二〇億円を失うとか、新規事業を始めてなかなか業績が上がらないのに、「いつかは何とかなるのでは」という期待の下、ダラダラと続けるといった現象は、あちこちで見られると思います。一言でいえば、「泥沼にはまる」わけです。

こうした「エスカレーション」が進む背景には、サンクコスト・バイアス、自己正当化、ルール（組織の慣性）、政治、あるいは社会的な圧力など、レベルの違うさまざまな要因があります。(4)

こうした要因に気をつければ、泥沼にはまることもないはず……なのですが、話はそう簡単ではありません。なぜかと言えば、繰り返しになりますが、そもそも将来については一〇〇%予測がつくことなどないからです。今日、あるいは今年うまくいっていないから、もうこの事業は絶対駄目だとはなかなか言い切れません。また、その裏には「やめることは失敗を認めることになる」という責任逃れ的な動機もあり、「こうすればよい」とは簡単には言い切れません。

GEの人と話すと、GEは必ずしもM&Aはうまくない、むしろ下手であるというのが社内のコンセンサスだと言います。それにもかかわらず、（最近はともかく）これまで順調に成長してきた理由はと言えば、「見切りの早さ」だそうです。綿密に相乗効果なり投資価値なりを計算し、時間をかけたネゴシエーションの結果としての買収であっても、G

Eにとってあまり価値がない、合わないといった事業を惜しげもなく切る力があるのです。
その意味では、四年半の研究開発と何百億円もの投資をして味を「刷新」したものの、たった二カ月で元の味の「コカ・コーラ クラシック」を再発売したコカ・コーラも同じことが言えるでしょう。

よくテストで「最初の答えを変えないほうがよい」などと、まことしやかに言われていますが、それは間違いなのだそうです。多くの場合、「変えて失敗した」という記憶のほうがより鮮明に残るので、そうした誤った「神話」が広がるのです。嘘ではないかと思われる方は、社内を見渡してこれまでのプロジェクトで、早くやめた（というか、当初の予定どおりやめた）結果と、延命させて投資を続けた結果が、どうなってきたかを一度きちんと振り返ってみたらいかがでしょうか。

「可能性」と言いながら、実は保身や自己正当化のためにエスカレーションを繰り返していなかったでしょうか。そうした「エスカレーション」の中で駄目だと半分思いながら追加された投資、どうせ駄目だと思いながら仕事を続けた社員などが、他のプロジェクトや事業に投資されていたら、どうなっていたでしょうか。

三洋電機の創業者である井植歳男は、頭でっかちになって身動きが取れなくならないよ

（4）ご興味のある方は、たとえば、清水（二〇〇八）、清水（二〇一八）をご参照ください。

う、「三つの切る」を説いたといわれます。「古いものに対して思い切る」「新しいことへ踏み切る」「合理的に割り切る」です。その後の三洋電機がどうなったかを見ても、それが簡単ではないことがわかります。

いったん投資をすると、結果がマイナスでも「やめられない」ことは多い。

3

早くやめすぎる機会損失

Fumbling the Future（邦題『取り逃がした未来』）という有名な本があります。今や富士フイルムに買収されるかもしれないゼロックス社がアメリカを代表する企業であった一九七〇年代から八〇年代にかけて（ちなみに、アメリカではコピーを取ることを「ゼロックスする」と言う人が多くいます）の大成功と大失敗の話です。

大成功はパロアルトの研究所がPCの主流になりうる（実際なっていますが）、マウスとGUI（グラフィカル・ユーザー・インターフェース）を発明したことです。大失敗は、実用化は無理と早々に諦めてしまったために、大きな可能性を捨て去ることになったことです（スティーブ・ジョブズ氏がゼロックスを訪れなければ、アップルもなかっただろうと言われています)。

これは「エスカレーション・オブ・コミットメント」の真反対の話です。エスカレーション・オブ・コミットメントがもったいなくて捨てられない(結果として、失敗プロジェクトにどんどん資源をつぎ込んで機会損失が発生する)のに対し、そうした機会損失を回避しようとするあまり早くやめすぎて、可能性をみすみす逃す、というまさに正面きっての機会損失です。

ちなみに fumble という言葉は、アメリカンフットボールなどでよく使われるのですが、一度ボールをキャッチしておきながら落とすという意味で、そもそもキャッチできないよりはその悔しさは何倍にもなります。

少し前のアメリカの調査によれば、新しい家電商品が立ち上がるには、平均六年かかるということですし、冷蔵庫が世の中に認められて売れ出すまでには一八年を要しました。また、前述のとおり、実際にキヤノンは複写機やプリンターなど、成功した商品は開発責任者が三人代わるといわれており、二〇年近くの開発期間をかけています。

「初代は『あんなもの始めやがって』とボロクソに落とされ、二代目は『できるできるといって、ちっともできやしない』と嘘つき呼ばわりされ、三代目でようやく時代の風が吹いてきて花が咲く」とは、キヤノン電子の酒巻久社長の言葉です。

「やめるべきか、続けるべきか」という問題は、リアルオプションを使ったからといって、おいそれと答えが出るものではないのです。

エスカレーション・オブ・コミットメントに関するリサーチはたくさんありますが、こうした「早くやめすぎた失敗」に関するリサーチはほとんどありません。現実には、「やめなくて失敗した」ことは比較的簡単にわかりますが（本当にそうかどうかは、実はわからないにしても）、「早くやめすぎた」かどうかはなかなかわかりません。

ゼロックスの例は、かなりはっきりしていますが（これは著者の一人が当時のＩＢＭのリサーチチームにいたからだといわれます）、たとえば、マイクロソフトはｉＰａｄが現れるずいぶん前にタブレットコンピューターを出していたとか、ペプシはオーガニックの飲料をイギリスで二年だけ発売してやめた、などという事例はあります。

しかし、こうした商品を引き続き売っていれば、本当に成功したかというと、そうかもしれませんし、そうでないかもしれない。ただし、一つ明らかに言えるのは、それでも「早くやめすぎた」とか「時代が追いついていなかった」という幻のヒット商品は存在するという現実です。

この難しいテーマに果敢に挑戦したのが、イギリスのリバプール大学のヘルガ・ドゥルモンド教授です。(5) 彼女はエスカレーション・オブ・コミットメントの研究で知られていますが、石油会社ブリティッシュ・ペトロリアム（ＢＰ）で、一九六一年のリビアでの何年にも及ぶ油田探査がうまくいかず、もうやめることが正式に決まった後に、担当者がもう三メートルだけ掘ったところ、世界でも有数の大油田に当たった例を引き合いに、同じようなことは、経営でもないだろうかと問いかけるのです。

彼女が提示する「コミットし続けるか、捨てるか」を後押しする要因の比較は、大変参考になります(図表5-1)。

ここで注目するべき点は投資上限の効果、そして予算を見直すことへの社内の抵抗でしょう。たとえば、「三年単黒、五年累損一掃」はよく聞く新規事業の「上限」です。これは、まさにエスカレーションを防ぐ効果があり、ルールが決まっていれば、客観的に、そして「捨てる」決断をした担当者も比較的容易に諦めがつきます。仮に、「早く捨てすぎた」としても、「ルールがそうなっているんだから仕方がない」という言い訳ができるからです。

また、予算を含めた「計画」は、この「ルール」と同じような働きをします。エスカレーションもルールも、誰もがいったん決めたことを変えるには、大きなエネルギーが必要なのです。

しかし、これは次章の「リアルオプション」とも関連しますが、ルールはプロジェクトを始める前に決めたことです。言い換えれば、プロジェクトを実行して得られたさまざま

(5) Drummond (2014).

図表5-1 コミット vs. 捨てる

コミットを後押しする要因	捨てることを後押しする要因
自信過剰	損失回避
サンクコスト	機会損失
自己正当化の必要性認識	コミットすることのリスク認識
(失敗だという指摘の)否定	失敗を認めない
失敗を認めることの社会的なコスト	公式に発表された(投資)上限
あと少しで完成できる (completion effects)	予算を見直すことへの抵抗
退出コスト/組織的に 抜き差しならなくなっている状態	社内の「潮目」の変化

な重要な情報は全く反映されていません。南場智子氏の言葉を借りれば、たかが知れている「実際に実行する前に集めた情報」で決めることになり、「選んだ選択肢を正しくする」チャンスを必要以上に狭めていることにもなりかねません。

「コミットし続けるか、捨てるか(あるいは様子見か)」は非常に悩ましい問題です。[6] 経営の判断は、この一点にかかっていると言われることもあるくらいです。残念ながら、ここにいくつかの数値を入れたら答えが出る……ようなプログラムは存在しません。だって、そうですよね。難しいから差がつくのですし、勝ち組が負けたり、一発逆転があったりするのです。

こうした要因をきちんと頭に入れたうえで、直感も含めて判断することが大切だと思うのです。BPの例も、もしかしたら「終業まであと一時間あるから、ちょっとやってみるか」のような話だったのかもしれませんが、もしかしたら何か違和感を覚えていた担当者が、「あと一時間だけ、どうしてもやらせてくれ」ということだったのかもしれません。

早すぎる撤退による機会損失は見えにくい。
投資計画を決めると、たとえより大きなリターンが期待できても、予算を見直して短期的なコストがかさむことは嫌がられる。

4

「いつか」という機会損失

整理術の書籍で必ずといってよいほど出てくるのは、今は使っていないとしても「いつかは使うのでは」ということで本や洋服、あるいは小物などがなかなか捨てられないという話です。

ある本には、「いつかとは一週間の八日目のことである」という記述がありました。つまり、「決して来ない日」だというのです。それでも私たちは、「いつか」に一縷《いちる》の望みをかけてしまいます。「もし何かあったら」と思ってしまって、物を捨てられません。

ビジネスの場合も同じです。アメリカ時代にインタビューしたある会社では、商品カタログが毎年厚くなっていました。「なぜですか」と尋ねると、「もうあまり売れていない商

(6) 清水(二〇一八)。

品もあるが、もしかしたら売れるかもしれないじゃないですか」というのです。

商品カタログ自体はたいしたことはないかもしれませんが、その「売れない商品」をカタログに掲載し続けるということは、在庫は少なくとも生産できる体制を残しておかなければなりません。さらには、営業マンは新製品ばかりか、そうした陳腐化寸前の商品に関しても知識を維持することを求められたりします。どう考えても、割に合わないと思うのですが、経営陣の「もったいない」や「いつか」という発想が現場を追い込む例です。

実は、アメリカの大学でも全く同じことが起こっています。一般にアメリカの大学（私が知るのは主にビジネススクールですが）では、クラスごとに教科書が指定されますが、この教科書が（教授が自分で書いてそれを指定していることが多いせいか）バカ高いことが少なくありません。一〇〇ドルなんていうのもざらにあります。しかも、毎年厚くなって、値上がりまでするのです。

あるとき、教科書会社の担当にそのへんを問いただすと、「いや、それはわかっています。しかし、どこかの章を減らしたら、もしその章が好きでこの教科書を採用してくれる先生がいた場合、もう使ってくれなくなるかもしれないので」という答えでした。

仕方がないといえば仕方がないのでしょうが、そうした四〇〇ページもあるような教科書をしっかりと読むなんていう時間は生徒にはなく、いろいろありすぎて何が重要かもぼやけて、本当に誰が何のために教科書を使っているのかと思ったものです。

これは皆さんの財布の中の会員カードにもいえることでしょう。あちこちのお店でくれる、ポイントが貯まるということで、財布がカード入れのようになっているのですが、そのうちのどれだけを実際に使ったでしょうか。

しかし、先述の保有効果、そして「テストで答えを変えた効果」、つまり、すでに捨ててしまったカードをたまたま使える機会があって「しまった」と思ったことがあると、それが記憶のどこかに残っており、「失敗は二度としない」とばかりにすべてのカードを常に持ち続けることが、本当によいのでしょうか。財布が膨らんだり（そして壊れたり）、ファッショナブルでなかったり、あるいは一回一回多くのカードの中から一枚を探すコストは、いかにも小さくない気がします。しかも、それは毎日のことです。

さらに言うと、これがそもそも会員カードの目的なのですが、「自分が買いたいものを売っている店」ではなく「会員カードが使える店」に誘導された結果、自分の満足度の減少を何ポイントかで補っているわけですが、それが本当に自分のためなのでしょうか。

そうしているうちに、そもそも自分の選択の余地、新しいものに触れる機会を狭めているということはないでしょうか。そして、これが最も怖いのですが、自分が何が本当に欲しいのかという感覚が、知らない間に鈍ってきているということはないでしょうか。

「二〇：八〇ルール」あるいはそのベースになる「パレートの法則」をご存じの方も多いと思います。結局、人間あるいは人間のグループでは、上位二〇％が全体の活動や効果の八〇％を占める（一〇〇人の営業マンのうち、上位二〇人が全体の八〇％の売上をあげる。一〇〇個の商品のうち、売れ筋上位二〇個が全体売上の八〇％を占めるなど）ことが経験的にわかっています。だとしたら、会員カードや商品もトップ二〇％に集中させることで、残りの時間や手間は、他に使ったほうがよいのではないでしょうか。

もちろん、震災などは「忘れた頃にやってくる」ので、備えることは必要です。ただし、備えることが毎日の生活を圧迫したり、「いつか」のために我慢をしているとすれば、本末転倒ではないでしょうか。

ホリエモンこと堀江貴文氏は、「いつか〇〇したいのなら、なぜ今やらないのか」といった趣旨の発言をある著書の中でされていました。確かに、と思ったものです。何かを成し遂げるには、常に第一歩がなければならないのですから。

それなしに「いつか」と思っているだけでは、買った宝くじが当たるのを夢に見るよりも、さらに性質が悪いのです。宝くじさえ買っていないのですから。「空想を楽しむ」分にはよいでしょうが、もし本当に達成したいのなら、時間を無駄にしていることを忘れてはいけません。「俺はまだ本気を出してないいだけだ」と言うのと同じです。

「いつか」は「今」行動しない限り来ない。
「いつか」を待つ機会損失は少なくない。

5

タダより高いものはない

「オマケ文化」という言葉があります。一時期、海洋堂のフィギュアが猛烈に流行ったことがありますし、最近では女性誌にバッグなどの結構豪華な「オマケ」がつくのが普通になりました。そして、私たちは「オマケ」がつくと、お買い得だと思うわけです。たとえ、その分のコストが本体原価に反映されたり、本体への投資を減らしてオマケにコストをかけているにしても。

私たちは、「タダ」「無料」「フリー」が大好きです。詳しい話は、ベストセラーになったクリス・アンダーソン氏の『フリー』を読んでいただくとして、「タダでもらえるものならもらおう」という気持ちは誰にもあります。

結果として何が起きるか。わかりやすくするために、極端な例を考えてみます。まず、もの（つまりオマケ）が増えます。ティッシュや食品ラップなどの消耗品であればともかく、皿であったり置物だったりする場合は、それだけで場所を取ります。

さらに、そうしたオマケは自分が選べる場合は少ないので、自分や家の趣味と全く合わないこともままあります。結果として、ものはあるのだけれど使わない、あるいは、ある結果全体の調和を乱したり、本来別のことに使えるスペースを取られるといったことが起きます。

　それでは、使えばよいのか？　繰り返しになりますが、そもそもオマケですから、それほど質は期待できません。タダでもらったから使うことを繰り返すのは、質の悪い商品、サービスを我慢することと同じです。もちろん、その分の浮いたお金をほかに投資できていれば意味はあるでしょうが、そうできているでしょうか。

　そして、質の低いサービスや商品を使い続けた結果、あなたの審美眼、趣味、あるいは自分は本当に何が好きで、何が嬉しくて、どういうことが楽しいのかということを忘れてしまうということはないでしょうか。

　本来の目的を見失い、やりたいこと、やらなくてはならないことでなく、やりやすいこと、目先のお得感のあることをやる中で、節約はできるのかもしれませんが、いったい何のために節約をしているのでしょうか。

　こうした傾向は、多くの会社でも見られます。「社員は固定費だから、何か追加の仕事をさせてもタダ」とか「遊んでいるのだったら、◯◯してもらおう」といった発想です。固定費をできるだけ効率的に活用する、つまり稼働率を上げることは重要です。工場などはまさに稼働率が勝負です。

　しかし、それは、「追加の仕事が、これまでの仕事に影響しない」から言えることであり、本来、たとえば法人営業でのスキルを磨くためには勉強しなくてはいけないのに、

「勉強してるヒマがあれば働け」とか、「人が余っているのだから新規事業に回そう」という発想では、本来より効率を上げなくてはならない法人営業が（中長期的に）犠牲になったり、あるいはスキルの低い人材を送り込まれた新規事業部門がそうした人材の世話でスローダウンする、さらには、やる気のある担当者のモチベーションを削ぐという副作用、つまり、より大きな機会損失が生まれているかもしれません。

結局、そこにあるのは「目の前のもの」だけを見て、高いとか安いとか、効率的だとかそうでないとかを決める発想です。本来の目的、それは組織でもそうですし、個人でもそうですが、何をしたいのか、そのためには、どのような資源配分がベストなのか。現状ではなくあるべき姿を考えたときに、さまざまな機会損失が浮き上がってきます。

タダより高いものはない。

6

「もったいない」再考

「もったいない」という言葉が脚光を浴びたのは、「おもてなし」とともに、東京オリンピックに絡めて日本古来の価値観が見直されたという点だったと思います。ただし、すでに述べたように「もったいない」を重視した結果、より多くの機会損失が生まれる、つまり、「得して損する」ことになる可能性を忘れてはなりません。

そんなことを考えていたら、「ノーベル平和賞受賞者で元ケニア共和国環境副大臣の故ワンガリ・マータイさんが日本で見つけた言葉」で「日本人の最高の美徳に再び注目！」という帯の付いた『もったいない』という本に出会いました。また「得して損する」話かと思ったのですが、この本にはより本質的な指摘がありました。少し長いですが、引用します。[7]

> 友人がせっかく淹れてくれたコーヒーを目の前でこぼしてしまったら、「あー、もったいない」という言葉が咄嗟に出てくることでしょう。それはコーヒー自体を無駄にしてしまったという恨みもさることながら、「おいしいコーヒーをあなたに飲ませてあげたい」と思ってコーヒーを淹れてくれた友人の「努力」と「時間」と「苦労」と、そして何より「気持ち」を無駄にしてしまったことに対する申し訳なさ、情けなさなのです。…（中略）…
>
> 「もったいない」の表側は、物的損失を惜しむ気持ちです。いっぽう、その裏側では、失ったものを手にしたり、完成させたり、そこにたどり着くまでの「形には表れない大切なもの」に馳せる感謝の気持ちと、それを無にしてしまった嘆きとが一体と

……なって、日本人独特の精神世界を形づくっています。

なるほど。

だとすると、これまでの議論は「表面的な物的損失を惜しむ気持ち」についてであった、ということができるでしょう。逆に言えば、本当に大切なのは、物的損失、あるいは「遊んでいる固定費」ではなく、本来何を達成したいかという目的であり、会社の使命であり、そこに集う社員の気持ちだということでしょう。

その意味で、目先の遊んでいる資産や人材を「有効活用」しようと、本来の目的から外れた仕事に振り向けたりすることは、「五〇円安い卵を買いに行くために、二〇〇円の交通費を使う」のと五十歩百歩です。

コスト削減、効率化は重要ですが、それは会社存続の本当の目的ではありません。本当に大切な目標を達成するためには「投資」を惜しんではならないのは当然ですし、失敗や一見無駄に見えることもまた、「投資」であることは多いのです。

「見切り千両」という言葉があります。三洋電機創業者の井植歳男の「三つの切る」を紹介しましたが、どうしても「もったいない」という意識が「切る」ことをためらわせる

(7) プラネット・リンク編(二〇一六)六~七ページ。

ことが多いのです。

ただし、よく考えなくてはいけないのは、「切らない」結果、何が起きているのかという機会損失の概念です。何を基準として、何と比較して、何が「もったいない」のか？

目の前の見えるものだけを見ると「もったいない」と思っても、実は他のもっと重要なことに取り組めなかったり、チャンスを逃していることのほうがはるかに「もったいない」のではないでしょうか。「損切り万両」という言葉もあるのは、まさに「損して得取れ」と「肉を切らせて骨を断つ」戦略の重要性を表していると思います。


もったいないの「基準」「比較」「中身」は何か？

見切り千両、損切り万両。

第6章

「将来の選択肢を増やす」機会損失

1 少ない投資で将来の機会損失をヘッジする「リアルオプション」

近年、リアルオプションというファイナンス（財務）っぽい言葉が経営学でもしばしば使われます[1]。オプション理論の支柱となったブラック＝ショールズモデルの提唱者であるマイロン・ショールズ教授は、この業績でロバート・マートン教授と一九九七年にノーベル経済学賞を受賞しています（残念ながら、フィッシャー・ブラック教授は一九九五年に他界されています）。

（1）清水勝彦「『捨てられない』――経営が陥る罠」日経ビジネスオンライン、二〇一三年一一月二五日 (http://business.nikkeibp.co.jp/article/skillup/20131120/256100/)；Adner and Levinthal (2004) から一部取り入れています。

ファイナンスにおけるオプションとは、株価が今後上昇するか、下降するかの不確実な状況で、「将来の一定期間その株をあらかじめ決められた価格で買う権利」(コールオプション)、「売る権利」(プットオプション)のことです。そのオプションの価格(オプションプレミアム)を、市場データをもとに理論的に計算できるのが、ブラック＝ショールズモデルの貢献です。

このオプションは「権利」であり、行使する必要はありません。もし、オプションを購入しても必要がなければ失効させればよいだけです。いずれにせよ、株価の変動リスクをより少額の投資(オプションプレミアム)によってヘッジできることがポイントです。

これを現実の経営に応用したものがリアルオプションです。単純に言えば、将来どうなるかがわからない技術、市場、事業あるいは会社や研究に対して、「少額の投資」をしておくことによって、全くやらないか、本格的にやるかの意思決定を先延ばしにする「権利」を得ることです。つまり、「少額の前払いをすることで、チャンスを逃すことを防ぐ」、将来の機会損失の最小化をめざした手法です。「もしもに備える」保険のようなものです。

競合するXとYのどちらが主流になるかわからないときに、両方に少しずつ出資するようなことはありますし、将来有望そうだけれど、どうなるかがわからない新興市場に、とりあえず出張所だけを作って様子を見るというのもあります。ある会社を一〇〇%買収するのはリスクが高すぎるので、合弁会社を作ったり、マイノリティー出資をしておいて、その後を見たりするということも、かなり前から指摘されてきました[2]。

ただし、ファイナンスのオプションとリアルオプションには根本的に異なる点がありま す。それは、ファイナンスのオプションの価値が、市場データをもとに外部的・客観的に決まるのに対し、後者のリアルオプションの価値は、当該企業が何をしたかによって左右される側面が大きいということです。

たとえば、技術開発に関していえば、その技術の実用・商業化に目途がつくかどうかは外部環境もさることながら、自社の開発陣がどれだけ頑張ったかによるところが大きいのです。その意味で、ファイナンスのオプションは「wait and see」なのですが、リアルオプションは「act and see」なのです。そして、リアルオプションには外部的に決められる失効期日が存在しないため、リアルオプションを失効させるためには、「やめる」という自らの意思が必要です。

つまり、リアルオプションの本質的価値とは、「捨てることができる」ことです。少額の投資をして、それが成功しそうならやるというだけであれば、段階的な投資をしているにすぎません。捨てられることこそがオプションの価値なのです(これは「仮説の価値」と同じところがあります)。

(2) Kogut (1991).

しかし、前述のとおり、いったん投資をすると、どうしても捨てられないということはよくあります。特に「もう少しで何とかなりそう」ということであればなおさらです。たとえば、当初は三年で目途をつけると言っていても、頑張った担当者が「もう一息です」「ヤマは越えました」「どうしても、もう一年」などと泣きついたりしてくれば、「捨てる」ことはなかなか難しいのが現実です。そして、ドゥルモンド教授も指摘するように未来が不確実である限り、どんなプロジェクトでも、「絶対失敗する」とは決して言い切れません。

その結果、起きるのは、当初の計画とは別の要因を持ち出してプロジェクトを「延命」させることです。さらに、投資した後の活動を通じて、本来の目的以外にいろいろな発見があったりします。こうした用途に使えそうだとか、もっと別の市場で何とかなりそうだとか。

結果として、そうした新たな発見を生かそうという別のドライブがかかります。確かに、せっかくの発見や努力を生かしたほうが「柔軟」ではあるのですが、本来の目的からどんどん乖離していくことになります。

リアルオプションといって投資を始めるのは簡単なのですが、経営にはファイナンスにあるような明確な「撤退基準」が存在しません。かつ「絶対にこのプロジェクトが失敗する」とも言い切れないことを考えると、「不確実性の多い環境下で柔軟性を保つ」などと言われていますが、撤退ができない限り、単にいろいろ手を出してみろと言っているのとあまり変わりがありません。

そう考えてみると、出自は名門（ノーベル賞を取った理論）ですが、「現実には将来がわからなければ、いろいろな可能性に張ってみる」という意味でリーンスタートアップあるいはA／Bテストとたいした違いはありません。

重要なことは、結局、資源は有限であるため、どこかで取捨選択のラインを引かなくてはならないことです。それは現時点で複数の可能性から投資先を選ぶという横のトレードオフ、そして、撤退のタイミングを見極めるという時間軸のトレードオフです。何でもかんでも張るのは、一方で将来の可能性と選択肢を広げますが、いざとなって本格参入する資源や体制が残っていなければ元も子もありません。

「全部に投資したいけれど、どれを泣く泣く捨てるか」「もっと様子を見たいけれど、このタイミングで決めなくてはならない」という意思決定は必ずしなくてはなりません。いきなり巨額の意思決定をするよりはリスクは少ないですが、他社と差別化をしようと思う限り、難しい意思決定は避けて通れません。リアルオプションは目的ではなく、手段の一つにすぎないのです。

イノベーションに関してどのようにして取捨選択をするのかについて、ダートマス大学のロン・アドナー教授は著書『ワイドレンズ』[3]で示唆のある発言をしています。

イノベーションにおけるエコシステムの重要性（つまり、ある製品がどんなに優れていても、顧客が最終的にその価値を享受できるためにはさまざまな補完サービスが生態系として成り立っていなくてはならない。たとえば電気自動車には充電設備が不可欠）を指摘した本書で「一〇〇のうち、どれが成功するかといえばわからない。しかし、エコシステムという視点から見て、まず失敗する五〇を特定することはできる。そうすれば、おのずと成功確率は二倍になる」と説いています。

「山ほどある情報から自分に必要な情報を得るには、『選ぶ』よりも『いかに捨てるか』のほうが重要である」という、羽生善治永世名人の言葉につながるものがあります。

リアルオプション（少額の先行分散投資）によって、意思決定の先送りと選択肢の維持・拡大が可能になる。しかし、本当に重要なのは「取捨選択」と「やめるタイミング」についての戦略的な意思決定（トレードオフ）である。

2 選択肢は多いほどよいか？

シーナ・アイエンガー教授の仕事で最も有名なのが「買い物客とジャムの研究」です。[4]

結果から言えば、店頭で二四種類のジャムを揃えたときは買い物客の六〇％が試食に立ち寄ったのですが、六種類のときは四〇％でした。しかし、これで終わりではありません。六種類のときは試食したうちの三〇％の客がジャムを購入したのに対し（つまり全体の一二％）、二四種類の場合は試食客で購入したのはわずか三％にすぎなかったのです（全体の一・八％）。

つまり、多くの品揃えは客を引きつけるにはよいものの、いざ「選択」というときになると、かえって惑わせ、決められない状況も作るのです。頭で考えると、「選択肢の多さ→より良い選択」となりそうですが、それは人間というものの本質をわかっていない表面的な思い込みなのです。

羽生善治永世名人も、以前テレビ番組で「若い頃は、より多くの選択肢を考えていたが、今はむしろ少ない手をより深く考えている」という趣旨の発言をされていました。

選択肢が多くあれば、より良い手を探せる可能性があるでしょう。しかし、一方で使える時間は有限です。「もっと良い手はないか」ばかりを求める結果、収穫逓減の法則、つまり diminishing returns の罠にハマることは少なくありません。「すべての可能性を考え

（3）Adner (2012). 邦訳は私とKBSのゼミ生が担当しました。
（4）アイエンガー（二〇一〇）二二六〜二三〇ページ。

る」ことは素晴らしいように見えますが、現実にはむしろ自己満足にすぎず、膨大な機会損失を生んでいるかもしれないのです。

これは、まさに第3章で南場智子氏のコメントを含めて議論した「分析」の重要な問題点の一つと関連するところです。「More is better ではない」ことはすでに述べましたが、たとえばファイブフォースと呼ばれる業界分析。よく指摘されるのは、業界を狭く捉えることによる弊害、たとえばカメラメーカーや据置型ゲームメーカーが知らない間にスマートフォンにシェアを取られたといったことです。

したがって、潜在的な競合（stealth competitor などと呼ばれます）にも気をつけよう、となるのですが、それでは、どこまで業界を広く捉えればよいのでしょうか。ゲームでいえば、スマートフォン、オンラインゲームくらいまではわかりますが、たとえばSNSはどうでしょう。

ゲームでなくても、これまでゲームに使っていた時間をSNSに使うようになったとすれば、競合と言えなくもありません（インターネットが出始めた頃には、学生街のバーの売上がガタンと下がったなんていう『ウォールストリート・ジャーナル』の記事もあったくらいです）。マクドナルドはどうでしょうか。競合は他のハンバーガーチェーン、ファストフードというのはわかります。牛丼やラーメンのチェーンを入れるのも、まあそうかもしれません。それではコンビニのお弁当は？　冷凍ピザは？　などと考えると、考えなくてはならない競争相手は猛烈に増えます。

確かに、業界を広く捉えれば潜在的な競争相手を見逃す可能性は下がりますが、それだけの時間を使う価値があるのでしょうか。どこかで俯瞰と深耕のギアを切り替えなくてはならないのです。

それではどうすればよいでしょうか。どこかで線を引くためには、おそらく三つの「基準」があると思います。

一つは、そもそも何のために分析をするのか、何のために選択肢を考えるのかという「もともとの目的」です。洋服のショッピングのようにいろいろと見ることが楽しいということであればともかく、選択肢を探すことは手段であっても目的ではありません。

そして、もう一つは分析し、選ぶことに費やすことができる資源・時間の制約です。もちろん、大切なことであればより資源を投下すべきですが、逆に先述のヤフーのフェイスブック買収のように、重要だからこそ機を逃してはならない、長引かせてはならないこともあるのです。

実際、二〇一四年にフェイスブックがたった二週間の交渉で、当時社員五五人のワッツアップを一九〇億ドルで買収すると発表したとき、シリコンバレーもウォールストリートも大騒ぎになりました。「高すぎる」「そんなバカな」「金があるから何も考えていない」などなど。しかしその後、このディールは有数の成功事例だと評価されるようになるのです。

そして、もう一つは「目的に向けた最低レベルを達成できたかどうか」です。一九七八年にノーベル経済学賞を受賞したハーバート・サイモン教授が先鞭をつけ、二〇一七年にシカゴ大学のリチャード・セイラー教授もノーベル経済学賞を受賞して再び脚光を浴びている行動経済学（経営の世界では、a behavioral theory of the firm と呼ばれます）では、「satisfice」という重要なコンセプトがあります。

合理性を前提とする古典経済学では、組織も人もすべての情報を持って利益の最大化、つまり「maximize」を追求すると考えるのに対し、行動経済学では人間の合理性には限界があり（bounded rationality）、最低基準を満たす（satisfice）ことが重要であると指摘します。結局ベストは誰もわからないし、それに費やす投資効果も diminishing returns にならざるをえないとすれば、「satisfice」は、機会損失をできるだけ回避する意味でも非常に重要です。

多くの選択肢を考えることは重要です。特に、選択肢を絞る、つまり「選択と集中」をするためには、そもそも選択肢を広げるフェーズが必ず必要です。そうでなければ、目の前の選択肢に引きずられ、機会損失に気づくことすらないかもしれないのです。

しかし、何のための選択肢か、そして選択肢を広げる基準と選ぶ基準がわかっていなければ、ただの迷走に終わります。「何がやりたいのかわかりません」という自分探しになってしまいます。

選択肢を増やすことは諸刃の剣である。より良いオプションを選びうる可能性が広がる一方、取捨選択のための機会損失の可能性も増える。選択のためには、①目的、②資源の制約、そして、③目的の最低達成ラインを明確にすることが重要である。

3

「マルチタスキング」が作る機会損失

「効率」はビジネスにおいて非常に重要な要素の一つです。利益とはそもそも売上とコストの差ですから、コストを売上よりも少なくしなくてはなりません。さらに、資本コストを考えれば、投資した資産がどれだけ効率的に活用できるか(例：稼働率)、あるいは採用した人材がどれだけ利益貢献してくれるか(例：生産性)が利益額、そして中長期的な企業の発展の鍵になります。

しかし、すでに議論してきたように、「目先の効率性」が必ずしも「中長期的な利益」につながるかどうかは別です。逆に言えば、目先の効率性を犠牲にして中長期的な利益や競争力を強化することが「戦略的」な判断です。しかし、目の前の効率性は目に見えたり、すぐ結果が現れるのに対し、中長期的な結果は見えません。かのピーター・ドラッカーが「Every decision is risky: It's a commitment of present resources to an uncertain and unknown future」と言うとおりです。

したがって、個人も企業も、どうしても「目先の効率性」に目が行きます。個人レベルでよくあるのは、「マルチタスキング」でしょう。メール、スマートフォン、ＳＮＳ全盛時代では、ちょっとこっちの仕事をやっていたら、メールが来たのでちょっと読む。返信をして、ついでにちょっと最近のニュースを読む。一息ついて、また先ほどまでの仕事に戻る……というような話です。

一見、複数の仕事を並行的にこなし、「無駄がない」ように見えますが、実際には集中力を取り戻すことが大変であることが研究でわかっています。一度のメールで中断された仕事に対しての集中力を元のレベルに戻すためには平均二二分かかり、そのうちの二七％では元のレベルに戻るまでに二時間以上かかったという報告もあります。

それにもかかわらず、ＰＣの使用中に画面を変えてメールや別のプログラムをチェックする回数は、一時間に平均で三二回だというのです[5]。普通のビジネスパーソンがスマホをタップしたりスワイプするのは、一日平均二六一七回だという驚愕の記事もあります[6]。

「一見効率的」が「本当に効率的」かどうかは、結構怪しいことが多いのです。そして、たとえばマルチタスキングの結果、ミーティング前に終わらせるはずの仕事が、終わらず、明日になってしまった……とすれば、明日またこれまでの経緯を思い出し、そこからまた集中力のギアを入れなくてはならないという意味で、機会損失は甚大です。

「仕事をしている」ことには変わりはなさそうですが、そうした表面的なところに誤魔化されたり、自己満足していることと、生産的であることは別です。現実にはそうした見えないコストが生産性を蝕んでいるのです。

ちょっと待て、四〇〇のプロジェクトを同時に進める佐藤オオキ氏のようなやり方もあるではないか？　と思う方もいらっしゃるかもしれません。

しかし、彼の仕事のやり方をよくよく見ていると、実は「目の前の仕事だけに集中する」ことを心がけており、「四〇〇件のプロジェクトを抱えていても、頭の中にあるのはそのうちの一つだけで、三九九件のことは忘れています」ということなのです[7]。

さらに面白いのは、四〇〇のプロジェクトを抱えることでスピード感を意識せざるをえなくなり、それが優先順位づけに否応なくつながり、仕事の質が向上するというのです。優先順位づけの重要性は、あとでもう一度詳しく議論しますが、「集中」の大切さを改めて感じる話であると思います。

（5）ハーツ（二〇一四）。
（6）"'I lost it': The boss who banned phones, and what came next," *Wall Street Journal*, May 16, 2018.
（7）佐藤（二〇一六）。

効率的に「見える」マルチタスキングは、機会損失を含めて実は非効率を生み出している可能性が高い。

4

「効率的なメールでのコミュニケーション」の機会損失

第4章で触れたように、「会議」は組織の中ではネガティブワードとして使われます。会議に時間を取られて仕事ができないという声に対し、できるだけ効率的にしようとなります。指示や報告はメールやスマートフォンでする。全国に散らばる営業マンの会議も、集まるのはできるだけ避け、テレビ会議を使ったり、カンファレンスコールを使うことは、アメリカでも多くの企業が実施しています。

それによって、たとえば移動の時間、コストを削減できますし、また、メッセージを伝える側は、いちいち一人一人に指示するのではなく、一度の指示で全員に伝えることができます。

こうしたコミュニケーションの効率化の前提にあるのは図表6-1の式であり、分母であるコストが下がれば下がるほど、効率的だというわけです。

問題は、その分子のほうです。多くの「コミュニケーションの効率化」の議論は、たと

図表6-1 ▶ コミュニケーションの効率化の前提

$$\text{コミュニケーションの効率} = \frac{\text{コミュニケーションの効果}}{\text{コミュニケーションのコスト}}$$

えば、一対一の面接をメールによるやり取りに変えても、分子は変わらず、分母が下がるのでよいのだという前提に立っています。

しかし、本当にそうでしょうか。多くの場合、「分子＝コミュニケーションの効果」こそを上げなくてはいけないのに、「分母＝コミュニケーションのコスト」を一生懸命下げ、結果として実は分子のほうも下げ、実質は何も変わっていないか、場合によっては悪くなっているにもかかわらず、コミュニケーションを「できたつもり」になっていることが多いように思われます。

コミュニケーションの本質が単なる「情報の共有」ではなく「送り手が受け手と意味を共有する（度合いを上げる）[8]」ことにあるとすれば、なおさらそうです。

確かにコミュニケーションツールとしてのメールが、これまでのフェイス・トゥ・フェイス、あるいは電話によるコミュニケーションの枠を破ってもたらした恩恵はいくつもあります。主なものを挙げれば次の三点でしょう。

①いつでも、どこでもメッセージを送れ、また、メッセージを受け取ることができる。

②一度に多数のメッセージを送ることができる。

（8）詳しくは、清水（二〇一二）をご参照ください。

③組織の階層を跳び越えてメールをやり取りすることも可能である。

一方、問題として一番よく聞くのは、前記の②と関連して、「どうでもいいようなメールが山のように来る」ことです。こうしたメールの洪水は、重要なものと、そうでないものをより分ける手間を含め、それを処理する時間は、業務の効率性だけでなく、本来もっと重要な仕事に使うべき時間を取られます。さらには、「マルチタスキング」という目に見えない集中力の低下を促すという点で、多くの企業の隠された問題、つまり機会損失の大きな原因になっています。

しかし、こうした「量的な問題」の陰に隠れた、メールの本質的な限界、そして、そのもたらす問題は、ポイント①にある「いつでも、どこでもメッセージを送れ、また、メッセージを受け取ることができる」点にあります。そこに相手がいなくてもよいということは、今の自分の立場、どのような気持ちかを鮮明に伝えることができないということですし、また逆に、それを見聞きした相手の立場、反応もわからないということなのです。

言い換えれば、メールは「情報共有」のツールとしては素晴らしく効率的であるのに対し、コミュニケーション、つまり「意味共有」のツールとしては、致命的な欠陥を持っているのです。特に挙げられるのは、メンバーの意見が異なる場合です。

阿川佐和子氏も、ベストセラー『聞く力』で触れていますが、メールでは往々にして対立がエスカレートしてしまい、場合によっては取り返しがつかなくなってしまうことが知られています。メールは、本来「意味」を伝えるべきそこにいない相手ではなく、自分の言いたい内容に集中する傾向があります。自分のメッセージを完璧にしようと、相手の揚げ足を取るようなことが始まれば、本当の目的などは忘れられ、相手を言い負かすことがメールの目的になってしまうのです。

結局、「意味を共有化する」コミュニケーションとは、そんなに効率的にできるものではないのです。しかし、「時間がないから後で」とか「できるだけメールで」という行動パターン、特に戦略の実行の要を担う課長、部長さんがそうであるとすれば、大きな機会損失が発生している可能性は非常に高いでしょう。

そして、その原因が見えないために、「あいつはちゃんと聞いてない」とか「何回言えばわかるんだ」と、毎回相手、特に部下を責めるだけで、本質的な手は打たれません。

戦略の実行のために、本当の意味でのコミュニケーションは不可欠です。そんなに大切なことを、「時間ができたら」や「簡単にメールで」済ませてよいのでしょうか。時間がないからといって、食事を抜いていたら病気になってしまいます。昼ごはんくらい抜くときはあるかもしれませんが、その後はきっちりと食べるはずです。

コミュニケーションでも同じです。「LINEやフェイスブックを導入して社内のコミュニケーションを活発にしよう」などと、勘違いした発言が出ないことを祈ります。

「メールを使ったコミュニケーション」はコストは下がるが効果も下がる。その結果、全体の効果は現実にはマイナスになっていることが多い。
そうしたマイナスは見えないので、コミュニケーションの難しさはしばしば相手のせいにして、組織内で悪循環が起こる。

5

「ビジョン発信」の機会損失

「リーダーはどうあるべきか」的な本を読むと、必ずと言ってよいほど出てくるのが、「明確なビジョンを示せ」といった「発信」の重要性です。明確な方向性を発信できなければ組織を束ね、多くの部下を率いていくことはできないというのです。

私も長らくそう思っていました。しかし、カルロス・ゴーン氏が「リーダーといっても人によっていろいろあるが、最低限必要な能力の二つのうちの一つは聞く力だ」とおっしゃったときはびっくりしました。日産の改革を率いたゴーン氏はマスコミにも頻繁に登場し、また、書籍がベストセラーになったりして、明らかに「強い発信力」を持ったリーダーだと思っていたからです。

考えれば当たり前のことで、「発信」したら必ず「伝わる」かどうかはわかりません。コミュニケーションの本質として、伝えたいのは薄っぺらな言葉ではなく、そこに込められた気持ちや意味であればなおさらです。つまり、「伝わる」ためには「伝わるように」話さなくてはならないのです。人の話、特に顧客の話や社員の話を聞いて、彼ら彼女らのニーズや気持ちがわからなければ、「伝わる」ようなメッセージを発信できるわけはありません。

言葉を発することはコミュニケーションでも何でもなく、その発した言葉が相手の中でどのような化学反応を起こすかを想像すること、そのベースとしての「聞く」ことができて初めてコミュニケーションは始まるのだと思います。ゴーン氏は「面白い話なら誰だって聞くことができる。聞く力があるかどうかは、つまらない話でも辛抱強く聞けるかどうかだ」と指摘されています。

ヤフーでは、1 on 1ミーティング、つまり、「わざわざ定期的に上司と部下との間で行う一対一の対話」を推進しています。「どうしてそんな面倒なことを」と、多くの経営陣は当初懐疑的だったそうです。実際、「コミュニケーションの重要性はわかるが、他に緊急性の高い仕事があるし、時間もなかなか確保できない」という意見も多かったといいます。

しかし、回数をこなすと、部下の知らなかったところが見えてきて「ああ、これなのか、という感覚があった」というのです。任天堂の故・岩田聡元社長も、三〇代前半に経営危機に陥ったHAL研究所の社長を務めたときに、「最初に全員に話を聞いてみて面談して初めてわかったことがものすごく多かったのです」「『人は逆さにして振らないと、こんなにもモノを言えないのか』と改めて思いました」と述懐されていました。[9]

1 on 1ミーティングで、さらに重要なのは、上司が部下の意見を「聞く」重要性に気づいたことでしょう。ヤフーの幹部の一人、香川仁バリューコマースCEOは次のように言います。[10]

上司は自分の意見を持っているので、ついそれを口にしてしまいます。部下もそれを知っていて、「自分の意見を言っても意味がないな」と思いがちです。だから1 on 1が始まってからは、会議の場でも部下に話してもらうよう試みました。

すると、それまではあまり意見を言わなかった人も、「○○の仕事がしたい」などと言うようになってきたのです。「この人は、こんなことを考えていたのか」と驚いたこともあります。先々のキャリアについても、いわゆる「できる部下」のことは把握していましたが、全員に聞くことはしてきませんでした。1 on 1によって、それを聞くことができ、部下の新しい側面を知ることができました。

ビジョンを発信したり、上司としての方向性を示すこと自体は悪いことではありません。

しかし、そうした上司は、往々にして「俺がこれだけ頑張っているのに、なぜわからないんだ」と独りよがりになりがちです。人は正論を言うときに、どうしても上から目線になり、「わからないのは、聞くほうが悪い」と思い込んでしまうのです。

しかし、聞く側はわからない。結果として、推測で物事を進めたりして、かえって期待した結果とは別のものが返ってくる。そうしてまた怒られる。当然ですが、部下は怖くて自分の意見も言えなくなってしまいます。そうしておいて、「当社の社員は考えていない」なんて言われても困ります。上司としても、部下としても、組織としても、機会損失以外の何物でもありません。

そして、見えないコストに気づくことなく、会社はどんどん劣化していくのです。

ビジョンや方向性の発信は、「聞く」ことができて初めて「伝わる」。「聞く」ことなしにビジョンや指示の「垂れ流し」をすれば、結果は出ず、生産性は下がり、そして社員がモノを言えなくなる見えない機会損失が蓄積する。

(9)「社長に学べ！――第一〇回　面談はこんなに大事なのか！」『ほぼ日刊イトイ新聞』二〇〇五年三月一四日。

(10) 本間（二〇一七）八四ページ。

6

「効率」と機会損失

マルチタスキングにしてもメールにしても、一見効率的な仕事の仕方が多くの機会損失を生み出してしまうのは、そもそも機会損失が目に見えないこと、そして自分の仕事の真の目的がはっきりしていなかったり、優先順位がついていないことが根本の問題としてあります。

逆に言えば、マルチタスキングもメールも、「何かしている」ことが目に見えてわかるので、そちらに引っ張られるところも大きいでしょう。企業組織のいろいろなところで見られる「手段の目的化」も同じような理由が根底にあります。

こうした点と関連して、同じかそれ以上に重要な機会損失は、既存の仕事を所与のものとして、その効率化を考えるということ、そして、どこかで思考停止が起こってしまい、マニュアルの肥大化と同じように、「楽」をすることで、より高みをめざす姿勢が失われてしまうことではないでしょうか。

先述の「コミュニケーションの効率」の方程式を思い出してください。そこでの（間違った）議論の前提は、「分子＝コミュニケーションの効果」が変わらないことでした。同じように、一般的に「効率」を考える場合、すでに何かやること、求めることは決まっており（つまり、分子は一定）、それをどれだけ短時間で、あるいは低いコストでできるか（つまり、分母を最小化する）が焦点です。

そもそもの目的を考えれば、分子を上げることも重要な選択肢です。しかし、「効率」という言葉を使った瞬間、視点は分母を向きます。そうした、いわゆる「ルーティン」と呼ばれる仕事はたくさんあり、より効率化をめざしたほうがよいことはもちろんです。

しかし、そうでない仕事、たとえばそもそも必要かどうかわからない、目的のはっきりしない仕事とか、いったいこれをやって何の意味があるのかわからないけれど、みんながやっているから、これまでやっているからという理由で行われている仕事も身の回りに結構あるのではないでしょうか（「組織の慣性」と呼ばれます）。

そうした意味のない仕事を一生懸命効率化しても、当然ですが、意味はありません。しかし、企業によっては、「意味のない仕事の効率化」が評価されたりするのです。

こうした結果として起きるのが、「現状の仕事に疑問を持たないこと」です。そうしておいて、「考えろ」と社員に檄を飛ばしてもあまり効果はありません。人間は「現状の仕事には疑問を持たず、将来についてはイノベーティブに考える」ほど器用ではありません。そんなことを言われて、無理して「提案シート」を量産するくらいなら、早く帰ったほうがマシです。

「提案シート」を書く側も読む側も、そして、それをまた全社で共有しようと飾り立て、せっかく社員が頑張ったんだから、と時間を割いて褒め倒す経営陣も、どこかでは気がついているのでしょうが、ここにあるのは全社的な茶番であり、機会損失です。柴田昌治氏の『考え抜く社員を増やせ！』には、次のような指摘があります。(11)

社員も一生懸命頑張っていると、精神的にはなんとなくやることはやっているような気持ちになってしまう。一番大切で、大変な深く考え抜くことから逃げているにもかかわらず、やっている気分になってしまいます。人間というのは楽なほうに簡単に流され、よほど気をつけないと、そこに落ち着いてしまう動物なのです。

また、日本生活協同組合連合会の本田英一代表理事会長のお話を伺ったとき、「前例踏襲は悪、変革はすべて善」と語られていました。要は、前例踏襲、あるいはルールに従うときに、人は考えない。変えようと思ったときこそ考える。もちろん、「変革はすべて善」ではないかもしれないが、人を育てようと思ったら、これくらい言い切らなくてはいけない、ということなのです。

M&Aの世界でもよく言われますが、短期的により結果が出やすいのが効率化、あるいはコスト削減です。経営学でも既存資源の活用（exploitation）と新たなイノベーションの探索（exploration）で言えば、どうしても前者のほうに経営の視点が行きがちであることは指摘され続けており、経営者にとって ambidexterity（両利き）[12]をどのように達成するかは、いまだに大きな課題です。

しかし、繰り返しになりますが、株主が求めるのは目に見える結果であり、経営者は無意識のうちに exploitation に引きずられがちです。

オリックスの宮内義彦シニア・チェアマンは、慶應ビジネススクールに来られたとき、「バブル崩壊後、日本の経営はコストカットに注力してきた」と指摘したうえで、次のように述べられています。

> 社会に新しい価値を作るには、イノベーションを起こすことが必要です。イノベーションを起こすにはリスクテイクが欠かせません。つまり、企業というのはリスクを取ってイノベーティブに動くことに存在意義があるのです。だから、企業の経営者はコストカットなんてことに注力していてはいけない。そんなのは経理部長や総務部長のやることであって、社長のやることではないはずです。

(11) 柴田（二〇〇九）一一六ページ。
(12) Tushman and O'Reilly Ⅲ (1996); Gibson and Birkinshaw (2004).

繰り返しますが、リーダーがやるべきはイノベーションを起こすことです。これ以外にはない。コストカット、リストラ、選択と集中……。こんなものからはイノベーションは生まれません。リーダーをめざす皆さんには、今のうちからぜひそういう意識を持ち続けてほしいと思います。

もちろん、効率性を無視しろと言っているのではありません。ジャック・ウェルチ氏のように、「コスト削減を大胆にして潰れた会社はない。だいたいは遅すぎたり、少なすぎて失敗する」という名経営者もいます。しかし経営者の時間の使い方を含め、本当にこの資源の使い方、時間の使い方が長い目で見て自社にとってベストなのかという機会損失の意識は失われてはなりません。

効率化に集中すると、分子＝そもそもの目的が見失われやすい。ルールを守る、前例踏襲は「考えない」ことにつながる。経営者の第一の仕事は、分子を上げること、つまりイノベーションを起こすことである。

第7章

心配と後悔と機会損失

1 完璧主義という機会損失

「Perfect is the enemy of good」「The enemy of the good is the better」というようなことわざが英語にはあります。一言でいえば、上をめざせばキリがない、完璧を求めることで、せっかくの「いい仕事」も過小評価されたり、活用されなかったりする……という意味です。

わかっていても、どうしても完璧を求めたいという人は大勢います。特に、成功した経験のあるビジネスパーソンに多いように思われます。一つの理由は、スティーブ・ジョブズ氏のような「妥協を許さない」価値観とその成果に憧れて、それをめざすのだというのがあるでしょう。あるいは、「good」で終われば、競合にすぐに追いつかれてしまうのでは、という不安もあると思います。実際、「画竜点睛を欠く」という別のことわざもあり、「extra mile」を求める傾向は、優秀な人材、組織であればあるほど強いでしょう。

しかし、それでは「完璧とは何か」と問われると、これはそんなに簡単ではありません。現実には、「なんとなく」でしか判断できないとすると、いつまで経ってもめざす姿に到達しないということは、十分にありえます。

そして、もう一つの問題は機会損失です。第6章で触れたdiminishing returns、つまり収穫逓減の法則で考えると、同じ一%の向上をめざすのでも、九〇%から九一%にするのに比べ、九九%から一〇〇%にするのは膨大な投資・コスト増を伴います。九九%でやめておいて、追加の投資を他にしたほうがはるかに高いリターンが得られることが多いのが現実であるのに、こだわってしまう。こだわり自体が重要だという意見もありますが、実は単なる自己満足であるかもしれません。第5章の図表5-1で「completion effects」について触れましたが、ある意味でエスカレーションでもあります。

思うに、そういう「完璧主義」者は、学校時代の成功体験を引きずっていることが多いのではないでしょうか。学校の成績、つまりテストは一〇〇点が取れます。そして、九〇点から九一点にするのと、九九点から一〇〇点にするのには、そんなに大きな投資の違いはありません。

しかし、現実には何が一〇〇点かなんて誰にもわからないでしょうし、たとえば、ある商品を取ってもいろいろな形の一〇〇点があったり、さらに言えば、今日の一〇〇点が明日の一〇〇点である保証は何もないのです。その意味で、完璧を求めることは「More is better」という自己満足に終わり、単なるコスト増につながったり、そもそもどんな形でもゴールにも届かない、つまり、ゼロに終わる可能性すらあるのです。

デカルトは今から約四〇〇年前の一六三七年に『方法序説』で「あらゆる極端は悪いのが通例であり、穏健な意見は行うのにいつも一番都合が良く、おそらくは最善である」と「中庸」の重要性を説いています。そして、これほど有名ではないですが、さらに示唆に富むのは、次の「第二の格率」です。[1]

自分の行動において、できる限り確固として果断であり、どんなに疑わしい意見でも、一度それに決めた以上は、きわめて確実な意見であるときに劣らず、一貫して従うことだ。この点で私はどこかの森の中で道に迷った旅人にならった。旅人は、あちらに行き、こちらに行きして、グルグルさまよい歩いてはならないし、まして一カ所にとどまってもいけない。いつも同じ方角に向かってできるだけまっすぐ歩き、たとえ最初おそらくただ偶然にこの方角を選ぼうと決めたとしても、たいした理由もなしにその方向を変えてはならない。というのは、このやり方で、望むところへ正確には行き着かなくても、とにかく最後にはどこかに行き着くだろうし、そのほうが森の中

（1）デカルト（一九九七）三六～三七ページ。

にいるよりはたぶんましだろうからだ。……（中略）……
　そしてこれ以来、私はこの格率によって、あの弱く動かされやすい精神の持ち主、すなわち、良いと思って無定見にやってしまったことをあとになって悪かったとする人たちの、良心をかき乱す後悔と良心の不安のすべてから、解放されたのである。

……………………………

完璧主義を求め、それを達成することは、組織の中のある分野では達成可能であったり、望ましかったりするかもしれません。しかし、それはむしろ「部分最適の追求」にほかならず、組織全体の資源配分を見れば、「中庸」で満足する、つまり現実的には見えない「perfect」をめざすより、「満足できる最低ライン」、つまり「satisfice」をめざすことが、全体最適につながる資源配分により近づくことができるのです。

完璧主義は部分最適につながり、機会損失を生みやすい。
「中庸＝satisfice」をめざすことが、全体最適につながる資源配分を可能にする。

2

保険という機会損失

組織人の完璧主義の裏側にあるのは、「ミスや失敗をしたくない」という気持ちです。そもそもミスや失敗を恐れるあまり、せっかく才能があるのにリスクを取らない、チャレンジしないというのは、まさに機会損失です。人材育成の重要性が叫ばれる一方で、「できる人間ができても、成長でも何でもない。できないかもしれないことができて初めて成長と言える」はずなのですが、ミスを許さない組織は非常に多いのが現実です。

もちろん、決してしてはならない初歩的なミスもあるのですが、チャレンジを奨励することは、同時に失敗を許容しているはずなのです。しかし、「チャレンジしろ」と言いながら「失敗を許さない」、あるいは「儲けろ」という、現場が混乱する、結果としてチャレンジしなくなるメッセージを平気で発信している(口で言わないことと発信しないことは、必ずしも同じではありません)トップはままいらっしゃいます。それでいて、「当社の若手は元気がない」とか「草食系だ」なんてぼやいたりしています。

「ミスをしたくない」意識が生むもう一つの傾向は、「保険をかける」ことです。いろいろなやり方がありますが、よく見るのは政治家やテレビのキャスターが、揚げ足を取られないように、「はっきり言わないこと」です。たとえば首を切られて死んでいるのに、「殺人事件の疑いで」というような話です。

不特定多数を相手にする場合は、変なところにいちゃもんをつける人がいないとも限らないのでしょうが、同じ組織内でも同じような曖昧な物言いをして、結局どうしろと言っているのかがわからない上司もいます。成功すると自分の手柄、失敗すれば部下のせいにできるからかもしれません。

組織的にいうと成功にしても、失敗にしても、その本当の原因は曖昧で人によって解釈が違い、成功事例には何十人という「俺がやった」立役者が生まれ、失敗事例はお互いになすりつけ合うようなことが生まれます。すでに述べたアマゾンのような対立を恐れない組織、ジャック・ウェルチ氏の言う「率直さ」の大切さとは対極を行くことになり、機会損失の認識すらない組織が生まれます。

似たような話としては、「旗幟《きし》を鮮明にしない」という方法があります。特に、たとえば大人数のミーティングで、結構偉い人が出ているような場合、自分の意見をはっきり言ってポジティブに注目される場合もありますが、地雷を踏んだり、「出る杭」として目をつけられたりすることもあります。

プラスの可能性とマイナスの可能性を天秤にかけたとき、人間はどうしてもマイナスに重きを置きがちなので(カーネマン教授のプロスペクト理論)、「沈黙」という手段を取ります。おおかた方向性が決まった後で本当はそう思ってなくても、「私もそう思います」

と存在感だけをアピールするパターンです。

そもそもミーティングになぜたくさんの人が参加しているかといえば（昔からそういうものだったという話を除けば）、いろいろな意見を戦わせ、課題を多面的に見ることで、より良い解決案を模索するためのはずなのですが。

最近流行のダイバーシティも同じことです。実は、参加者が多様であることはどうでもよく、多様な意見が出ることが重要なのです。自分の意見を自己規制して上の人の意見や「潮目」ばかりを気にしている人が多いとすれば、そもそもミーティングをする価値はありません。そうした場で、自分の意見を言っていいんだと思えるような環境づくりの大切さを強調して、ハーバード・ビジネススクールのエイミー・エドモンドソン教授は「psychological safety（心理的安全性）」というコンセプトを提唱しています[2]。

先述のアマゾンのリーダーシップ・プリンシプルは、洋の東西を問わず、この問題が普遍的なもの、逆に言えば「他社に差をつけるチャンス」がここにあることを示しています。考えれば考えるほど「KY」は、人間社会の、特に日本社会の、本質をえぐった言葉だと思えます。

保険のもう一つの形は「余裕＝バッファー」を持つことです。「余裕＝バッファー」を

（2）Edmondson (1999).

持つことで、失敗を吸収したり、より早い対応ができるかもしれません。「受験の日は早めに家を出なさい」と親から言われたように、余裕をみておくことで、失敗や不測の事態に対応できる資源を確保し、その影響を最小限にとどめることができます。

しかし、これも現実には難しい。なぜなら、「余裕＝バッファー」ではなく「余裕＝無駄」というのが通常の組織の見方です。できるだけ余裕を削ることで効率化を実現しようとします。専門用語では「密結合（tight-coupling）」などと呼んだりしますが、スケジュールがギリギリ、資源も最小限で「すべてうまくいけば最も効率的な運営」状態にあるときに、小さなことでも問題が起きると、これが雪だるま式に波紋を広げます。

企業のエコシステムを考えても、どこかの工場で火事が起きると、関係会社のラインが全部止まってしまうというようなこともあります。都心の朝の通勤ラッシュに、ちょっとどこかで問題があると、被害は膨大なものになるのも同じです。このバランスをどう見るかは、非常に難しい経営課題の一つです。

しかし思うのは、日本という社会は「ミスを犯さない」ことがあまりに重要視され、暮らしやすい一方で無駄なコストが猛烈にかかっているのではないかと思うことがあります。政治家や官僚は失言したら、辞めなくてはなりません。電車が数分遅れると、何度も何度も謝罪のアナウンスが入ります。

アメリカに住んでいたときに、クレジットカードで身に覚えのない請求があり、クレームの電話をカード会社に入れたことがあります。「I am sorry」とは言われましたが、それだけです。「間違えたから直した、それであなたはハッピーでしょう?」と言うのです。同じことが日本で起きると、会社側は平身低頭、菓子折り持参に発展することもあるようです。

逆にいえば、そうしたミスを犯さないように、何重にもチェックを入れ、セーフガードを張っているのです。金融機関は特にそうで、ATMがちょっとでも止まろうものなら金融庁に報告し、さんざん叱られるのだそうです。そんなことは顧客の判断に任せて、金融庁はもっと大事なことをしたほうがよいのではと思うのです。ミスの影響と、それを防ぐためのコストの比較が本当にできているのかと疑問に思います。

この問題は、一組織というよりは日本社会全体にいえることであり、啓蒙が必要な点ではないかと思われます。ただし、保険をかけて同じようなニュースばかりを流しているマスコミに期待するのは難しそうです。

保険をかけることで、失敗のリスクはヘッジされるが、失敗の防止や謝罪に過度にコストがかかり、結果として機会損失も広がる。

3 バックアッププランの問題点

そして、もう一つは、まさに保険、「失敗したときのためのバックアッププラン＝プランB」を用意しておくことです。

何かあったときのために、プランBを持つこと、たとえば、A社の工場で火事があったときは、すぐB社に切り替えられるようにしておくというのは重要です。その他の施策でも、もしうまくいかなかったらどうするかをある程度準備しておかなければ、失敗したときにそれ以外の方策がなく、「茫然自失」状態になったり、エスカレートしてしまったりするかもしれません。

しかし、「バックアッププランを用意すると、最初の案の成功確率が落ちる」という研究結果が出ています。(3) その理由としては、バックアッププランを考えることに資源を取られるというよりは、安心してしまう、「もし駄目でもなんとかなる」と思ってしまうことにあるようです。

実験によると、「たった一〇分間バックアッププランを考えただけで、最初の案へのコミットが大きく下がる」というのです。「背水の陣」という言葉がありますが、ミンツバーグ教授も指摘したように、コミットメントの力は理屈以上のものがあるという好例でしょう。

そういえば、第5章で触れたLCCの草分け、サウスウエスト航空でも、当初は飛行機が遅れてもホテル代を支払ったりすることはなかったといいます。それは単に、コストを切り詰めるというだけでなく、「自分が失敗して遅らせたら、別の人に迷惑がかかってしまう」という緊張感を持たせるためだったのではないでしょうか。

DeNAの南場智子氏は、プロ野球球団取得に際し、さまざまな逆風に対して担当幹部が逃げない姿勢を貫いたことで外部に対しては決意を示し、内部に対しては安心感を与えることができた経験などをもとに、次のように述べていらっしゃいます。

保険をかけ始めると社内の勢いは衰えてしまい、球団取得は実現できなかったでしょう[4]。

検討したプランを実行チーム全員に話すときは、これしかない、行ける、という信念を前面に出したほうがよい。本当は迷いだらけだし、そしてとても怖い。でも、そ

(3) Beard (2016).
(4) 『日本経済新聞』二〇一六年一一月二六日。

れを見せないほうが成功確率は格段に上がる。…（中略）…迷いのないチームは迷いのあるチームよりも突破力がはるかに強いという常識的なことなのだが、これを腹に落として実際に身につけるまでには時間がかかった。(5)

……………………

当然ですが、これはバックアッププランを持つなということではありません。しかし、いつ、誰が持つのかが重要です。実験が示唆するのは「本当に力を尽くしてから」、あるいは、「別のグループがプランB」を持つことで悪影響を最小化できるということです。

すでに述べた点と重なりますが、「一応取っておく」というのも、この保険と同じ考え方です。しかし、保険には保険料が必要なように、機会損失は必ず発生するのです。今やアマゾンが圧倒的な強さを誇るようになったアメリカの家電量販店業界では、もう家電そのものでは利益が出ておらず、「延長保証」といった保険で利益をあげているという記事を読んだことがあります。

逆にいえば、保険がいかにおいしい商売か、さらに言えば、「もしも」というささやきは、たとえコストのほうがリターンよりもはるかに大きくても、個人にとっても組織にとってもグラリとする威力を持っているということでしょう。「安易」な道を取ることは、差別化をなくす危険な道でもあるのです。

バックアッププランやトップの迷いを最初から共有すると、チームのパフォーマンスは落ちる。

（5）南場（二〇一三）二〇四ページ。

第8章

「適材適所」と機会損失

1 適材適所の現実

「自分の本当にしたいことをするのが人生の幸せを決める」というまっとうな掛け声の下、「自分探し」が叫ばれてからもう何年になるでしょうか。せっかく入った会社が思ったような仕事をさせてくれない、自分の時間がない、あるいは上司がかまってくれないといって、すぐに辞めてしまうこともあれば、転職を繰り返して「自分はまだ本気を出していないだけ」とうそぶく若者もいると言われます。

逆に、雇う側からすれば、「人がすべて」とか「適材適所」と言いながら、本当にそれが実現できていると自信を持って言える会社はどれくらいあるでしょうか。「優秀な人材」は生かしているのだと言いながら一つの部門で囲い込む。確かにそこではAクラスの仕事をしているのかもしれませんが、もしかしたら他の部門に行けばA++かもしれません。

後ほど触れますが、「ダイバーシティ」をうたっていながら、上司に楯突いたり、多数意見に賛成しない人材を「チームプレーができない」と干したりする。誰が、どのような基準で「適材適所」と言っているのでしょうか。もし、その基準が「上司の仕事のしやすさ」であったりすれば、膨大な機会損失が生まれているかもしれません。

「適材適所」は簡単な問題ではありません。なぜなら、たとえば同じような「人事」の仕事でも、会社の価値観や方向性、戦略、その結果としての採用基準によって大きく変わってくるからです。第6～7章では、完璧主義を求めるのではなく「まあまあ」、つまり、satisfice のほうが機会損失が少なくて済む可能性を議論しましたが、それとより良い「適材適所」をめざす努力をしないこととは別です。

リンカーン・エレクトリックという会社があります。マスコミに取り上げられることはあまりありませんが、ハーバード・ビジネススクールが何十年も追いかけ、アメリカのMBAトップ校を出た方ならおそらく誰でも知っている知る人ぞ知る企業です。

この会社の特徴は、従業員に対して「完全出来高制」を取っていることで、有給も慶弔休暇もありません。生産性に対する社員の圧倒的なコミットメントが、GEなどの大企業に伍してこの業界で圧倒的なシェアを維持できている理由であると言われます。そうした理由で、「出来高制」を真似る企業も多かったと言われますが、効果はあるどころかマイナスに働くことがほとんどでした。

なぜなら、「完全出来高制」とは氷山の一角、きれいに咲いた花にすぎず、それを支える戦略、企業文化、トップのコミットメント、そして、その戦略や文化に合った人材の採用があって初めて出来高制が生産性の向上につながったという点を見逃したからです。

人に関しても、見えないところに大切なものがたくさん隠れていますし、見えるところだけを真似ても効果は上がらず、資源の無駄遣いに終わります。

「適材適所」を考える「基準」は何か？

2 就職満足度

まずは、社員の側から見た「適材適所」あるいは「自分探し」から考えてみます。

確かに、自分がやりたいことと会社側が求めることがうまく一致しないことはよくあります。あのジャック・ウェルチ氏だってGEに三顧の礼で迎えられたのに、あまりにも官僚的で自分の力が正当に評価されてないと一年も経たずに真剣に転職を考えたことは、その自伝に出てきます。

『フォーチュン』や『フォーブス』の「働きやすい会社（best companies to work for）」で

毎年上位に食い込むＢＣＧやゴールドマン・サックスといった有名企業では、入社から数年の働き方は、単純に時間で見る限り、ブラック以外の何ものでもありません。そして、その先にあるのは Up or Out、つまり、昇進するか辞めるかです（辞めても、元ＢＣＧとか元ゴールドマンということで、相当いいところに就職はできるので、心配する必要はないといえますが）。

もちろん就職は大切ですから、情報を集め、説明会にも積極的に出て、先輩に話を聞き、考えに考えて就職先を選ぶ。思ったような就職先が見つからない、あるいは受からなければ、フリーター（最近は人手不足のせいか、あるいは「働き方改革」の効果か、あまりこの言葉を聞かなくなってきたような気がします）のほうが、自分が納得しない会社で働くよりもまだよい。自分を殺してまで、企業に奉公することはない……という意見もあるでしょう。

シーナ・アイエンガー教授の『選択の科学』には、「就職満足度」の実験が出てきます。[1]アメリカでも、情報収集をしたり、キャリアカウンセラーに会ったりと、就活でやることはたくさんあります。そうした「客観的に見てできることをすべてやった新卒者」と「大雑把にやった新卒者」の就職に関する調査によれば、当然ですが「できることをすべて

(1) アイエンガー（二〇一〇）一六六〜一六七ページ。

やった新卒者」のほうが、内定の数も多かったですし、平均年収も四万四五〇〇ドルで、後者の平均年収三万七一〇〇ドルよりもはるかに高いことがわかりました。

しかし、それでも「できることをすべてやった新卒者」のほうが、本当に正しい選択をしたか確信を持てず、仕事に対する満足度も低かったのです。

アイエンガー教授は、主に「幸せは数字だけで表されるものではない」「感情面も重要である」という点からこの例を取り上げていますが、私は「完璧主義」によるところが大きいのではないかと思います。つまり、就活をやればやるほど、「もっといいところがあるのではないか」とか、「私はこのくらいで満足していてはいけないのではないか」という思い、あるいは心配がどんどん醸成されるのです。

情報を集めれば集めるほど、本当にこの仕事が自分にベストなのかという確信がなくなるのも当然です。泥沼のエスカレーション状態です。

アメリカにいた頃、相談に乗っていたあるレストランチェーンのオーナーから聞いた話を思い出します。「この業界に詳しい弁護士に、ちょっと成功したからといって店を良くしようと思うなと言われました。多くのレストランは『more, more』、つまり、もっと店を良くしたい、メニューを増やしたい、という誘惑に負けて、採算が取れないほどの投資をして失敗するというのです」

完璧を求めようと情報を集めれば集めるほど不安になり、深みにハマる。

3

エマージェント・ストラテジー
——たまたま入った会社、たまたま割り振られた仕事がチャンスをくれる

根本的な問題として、本当に「自分探し」ってできるのでしょうか。アメリカにいた頃、ある大手銀行の人事担当者と話したときに「就職志願者は、あたかも銀行に入るために生まれてきたかのような話をする。私でさえ迷うことがあるのに、かえって心配だ」なんて言われていました。

日本企業の人事部長も同じようなことを感じられている方が多く、「ゼミで頑張り、スポーツのサークルかボランティアをまとめ、海外に少し行って……、というみんな同じようなことをやって、同じようなことを言う」なんていうボヤキをよく聞きます。

日本経済新聞の「私の履歴書」などを読むと、だいたい真逆のケースが多いことに気がつきます。「これしかない」と道を選んだ人はむしろ少なく、経営者の場合は「偶然」や「他に行くところがなかった」結果その会社に入り、そこでやりがいを見出し、社会に大きな貢献をする名経営者になっていることが結構多いのです。

たとえば、良品計画元会長の松井忠三氏（二〇一八年二月掲載）は、学生運動での逮捕歴が理由で熱望していた教師になることができず、卒業の時点でも就職先が決まってない状況で、当時流通革命をリードしていたダイエーに応募もできなかったため、「西のダイエーは駄目でも東の西友を受けてみよう」と採用試験に臨み、「君の志望動機は希薄だね」と人事部長に言われながらも合格、その後の苦労と活躍は記事のとおりです。

オリエンタルランド会長兼CEOの加賀見俊夫氏（二〇一七年五月掲載）の場合は就職活動で出遅れ、「まだ残っていた」鉄道会社のうち、中学高校で六年間通学に使った地元の京成電鉄に応募、意地悪な質問をされ、「落とされるな」と覚悟した結果が合格。東京ディズニーランドの成功に大きな貢献をしています。

また、銀行が第一志望だった日本ガイシ特別顧問の柴田昌治氏（二〇一七年七月掲載）の場合は、さらにすごい。そのまま引用します(2)。

その頃ある新聞記事が目に留まった。「名大法は左翼の巣窟。当社は今後も採用しない」。日本碍子の野淵三治副社長が、コラムでこんな持論を展開していた。興銀の一件もあり、大学や学部差別に頭にきた。左翼の教授や学生が多いのはそのとおり。だが、私のようなノンポリもいた。

「ひとこと言ってやろう」。採用試験に応募し、日本碍子の本社に乗り込んだ。すると野淵さん本人が出てきて、逆に私を一喝した。「君のそういう態度が左翼的なんだ」しょぼくれて帰宅すると、電報が届いていた。「採用内定」。当時は就職難だったので、内定辞退は大学の就職課が認めない。興銀に断りを入れ、私の就職先はあっさり決着した。「生意気だが、吉本社長の囲碁相手として採っておくか」。この程度の判断だったということは、のちに秘書室長から聞かされた。

これくらいでやめておきます。

何度も本書で触れているマギル大学のミンツバーグ教授の有名な言葉に創発的戦略(emergent strategy)があります。これは第2章でも触れたように、すべてを計画することはできない、したがって、やってみた中でわかったことを柔軟に取り入れていく必要があるという、戦略立案と実行の相互作用について触れたものです。

人生のキャリアにも全く同じことが言えるのではないでしょうか。計画どおりにいくことは素晴らしいような気がしますが、限られた経験や知識で作った計画どおりの人生なんて、実は面白くもなんともなく、せっかくのチャンスを逃しているのかもしれません。そう指摘するのはカルロス・ゴーン氏で、だから、彼は「計画をしすぎるな」と強調するの

(2)「私の履歴書」『日本経済新聞』二〇一一七年七月七日。

です。

「自分探し」と言いながら、何も取りかからなければ創発的戦略は生まれません。先が見えなくて苦しいことと、先が見えないから楽しいことが紙一重であることが、人生に深みを与えてくれるのではないかと思われてなりません。

「サトリ」という予知ができる妖怪が、毎日がつまらなくてたまらないという話を読んだことがありますが、「読める人生」ほど退屈なものはないと思うのです。そして、カール・ワイク教授や南場智子氏が指摘する「良い意思決定をすることと同じかそれ以上に、すでにした意思決定を良くする」ことが重要だと思うのです。

自分探しとは行動すること、行動からチャンスをつかむこと。

4

会社の「適材適所」という迷走

「組織は人がすべて」という言葉は、「選択と集中」と同じかそれ以上に毎年のように聞かれます。「じんざいには三種類ある、人材、人財、人罪だ」などという経営者の訓示を聞かれた方も多いでしょう。実際、組織の競争力とは、そこにどのような人が集まっているかによって大きく左右されます。

その意味で、良い人材を採用し、維持・活用することは非常に重要ですし、その重要性はグローバル競争、技術競争、さらには「異種格闘技」と言われるような業界の垣根がなくなっていく中でより高まっているといってよいでしょう。

最近では、人手不足は世界中の潮流といってよく、特にAIの技術者が引っ張りだこで、Ph.D.を取ったばかりでも、グーグルなどは平気で年収三〇〇〇万円以上のオファーをしているという話を耳にしたりします。

それでは、経営環境が大きく変わっている中で、人材の採用方法はどうでしょうか。いろいろ工夫を凝らしている会社も増えていると聞きますが、一方で三〇年前とほとんど変わっていないのでは、という会社も少なくありません。端的に言うと、①学歴（学校で何をしたかを含め）、②筆記試験、③面接の三点セットで応募者が多いほど、有名大学出身者が多いほど「いい人材」を採用できるということになっています。

本当にそうでしょうか。

三〇年前と変わらないことに対して、六〇年前の法則を出すのもどうかとは思いますが、実際に「パーキンソンの法則」は当てはまると思うのです。[3] いわく、

(3) パーキンソン（一九九六）八三～八五ページ。

すべてちゃんとした資格を持ち、立派な推薦状のついた三〇〇人の応募者の中から、一人を選び出すなどということは、実際問題としてできることではない。したがって、こんなにたくさんの応募者を集めるような最初の広告のやり方が間違っていたのだ。完璧な広告を出した場合には、たった一人の応募者しかない。…（中略）…したがって、二人以上の応募者が現れた場合には、提示金額が高すぎたのだ。

とのことです。これは「凡俗の法則[4]」に負けず劣らず極端ではありますが、考えてみる価値はあると思います。実は、同様の内容が二〇一六年に出版された伊賀泰代氏の『生産性』の冒頭に出てきます[5]。

自社の「売り」とは何か？　たとえば、自社が業界三位、あるいはもっと下だった場合、一位の企業と同じような人材を求めることが本当に良いことなのか？　本来の採用とは、応募者をたくさん集めることではなく、欲しい人材が欲しいだけ集まることであるとすれば、「たくさん集まる」ことは「当社が求める人材像」を示し切れていない証拠かもしれません。

たくさん集めたはいいが、「当社の人材採用基準」がはっきりせず、「世の中でよく言われているもっともらしい基準」で採用する。結果として、学歴は高いが会社と合わないとか、サービス業なのに営業が嫌いな人材が多い……なんていう話を時々聞きます。明らかにこの時点で「適材適所」ではありません。

ジム・コリンズ氏の『ビジョナリーカンパニー2』では、多くの会社が「間違った人を採用して、制度やら教育やらで一生懸命動機づけしようと無理をしている」「そうしたムダな制度のために、本当にやる気のあるいい人材は愛想を尽かして辞めていく」と指摘します(6)。

逆に、「ビジョナリーカンパニー」と呼ばれる企業では、明確で厳しい価値基準を掲げ、採用する人材を厳しくスクリーニングし、「正しい人材だけをバスに乗せている」といいます。さらに「人材は企業にとって大切な資産というのは間違いである。正しい人材こそが資産なのだ」と厳しく指摘しています。

一方で、「採用は人柄第一」と言い切ってはばからない、アイリスオーヤマの大山健太郎会長のような方もいます。ゼミ生と一緒にインタビューをしたときのコメントを紹介します。

(4)「議題の一案件の審議に要する時間は、その案件にかかわる金額に反比例する」。ご興味のある方は、パーキンソン(一九九六)または、清水(二〇一六)をご参照ください。
(5) 伊賀(二〇一六)序章。
(6) 原題は、*Good to Great*。二〇〇〇年に出版され、いまだに売れ続ける世界的なベストセラーです。

アイリスオーヤマの新卒採用には、三つの基準があります。順に、一に人柄、二に意欲、三に能力。人柄が悪い、なんて人はそんなにいません。だいたい八割合格です。「入りたい」と思う人は比較的意欲が高いし、滑り止めとして内定をもらおう、という人は意欲が低いのだから、これもあまり問題がない。能力は、最後です。しかし、たいてい逆で、まず試験で選ぶでしょう。何々大学を卒業して入社試験の成績が良かった、と言われてもこの結果からは人柄も意欲も伝わらないよね。よく言うのだけど、能力があっても意欲がない人って結構います。これは組織が困ります。もっと困るのは、能力と意欲があっても人柄が悪いという例。意外といるんですよ。

人材の選抜という点では、「大量採用、大量離脱」によって、採用時にではなく、採用してからふるいにかけるという方法にも触れなくてはなりません。

「販売していないタイヤを返却しに来たお客様に対して、文句ひとつ言わずに返却を受けつけた」という伝説のサービスで有名な、シアトルに本社があるデパート、ノードストロームでは、一年のうちに新入社員の約半数が辞めるといいます。

ノードストロームは必ずしも例外ではなく、先述のリンカーン・エレクトリック、自動車保険で急成長を続けるプログレッシブ、アメリカの鉄鋼業界で唯一気を吐くニューコアでも、入社一〜二年目の離職率がきわめて高く、その後は低くなる傾向があります。コリンズ氏は次のように指摘します(7)。

ビジョナリーカンパニーは自分たちの性格、存在意義、達成すべきことをはっきりさせているので、自社の厳しい基準に合わない社員や合わせようとしない社員が働ける余地は少なくなる傾向がある。

人が辞めるというのは、特に日本では、ネガティブな響きがあります。しかし、会社としての強いビジョンを持つならば、入社一〜二年でついていけないと思う社員が出ても、それはむしろ当たり前のことかもしれません。優秀な人材がそんなに早く辞めることは残念ですが、ご縁がなかったのです。

逆に、人の入れ替わりもあまり多くないとすれば、まあ誰でもやっていけるお気楽な会社ということかもしれません。そういう会社は、景気の良いときはともかく、競争が厳しくなれば先行きは大変暗いと思います。ノードストロームにしてもニューコアにしても、「好きでなければやっていけない」会社では、社員一人一人も輝いていますし、自分の会

(7) コリンズ／ポラス（一九九五）二〇三ページ。

社に誇りを持っています。会社も競争相手に比べてずっとユニークです。

人の採用やリテンションは、企業にとって重要な手段ではありますが、目的ではありません。目的を忘れて、手段の良し悪しの一般論に経営陣までが一喜一憂するようであれば、機会損失は計り知れません。

人材の採用に関して、たくさんの応募者がいることは必ずしも良いことではないし、人が辞めるということは必ずしも悪いことではない。

5

ダイバーシティという「鳥の翼」

最近一段と「ダイバーシティ」の掛け声がかまびすしく聞こえます。一つは女性活用（「活用」という言葉が良いかどうかはともかく）、もう一つは国際化。社員や経営層はもちろん、社外取締役によるボードメンバーの多様化など、ネタは尽きません。

そもそも、なぜ「ダイバーシティ」なのか。それに対する答えは、おおむね一つに集約されるように思います。いわく、多様な声と意見を生かすことで、今後の事業の国際化に対応し、よりイノベーションが生まれやすい組織を作っていくためだと。

たとえば、経済産業省は「新・ダイバーシティ経営企業一〇〇選」と題して、大臣表彰をしています。そこでの「ダイバーシティ経営」とは次のように定義されています。

「多様な人材を活かし、その能力が最大限発揮できる機会を提供することで、イノベーションを生み出し、価値創造につなげている経営」のことです。

これからの日本企業が競争力を高めていくために、必要かつ有効な戦略といえます。

そうした政府の旗振りや、企業の宣言にケチをつけるつもりは毛頭ありません。しかし、二つ大きく見逃されている点があるのではないでしょうか。一つは「ダイバーシティ」の「コスト」についてです。この点については、拙著『リーダーの基準』でいろいろと議論したので、(8) ここでは省きます。

そして、もう一つの「見えないけれど重要なポイント」は、ダイバーシティがどのようにしてイノベーションに貢献するのかという因果関係がはっきりしていないことです。繰り返しますが、ダイバーシティは手段にすぎません（もちろん、シェリル・サンドバーグ

(8) 清水（二〇一七）の第7章「大事なことは面倒だ」(2)――「人」は特に面倒だ。図14の「会話」と「対話」の違いにも注目してください。

図表8-1 ダイバーシティの効果

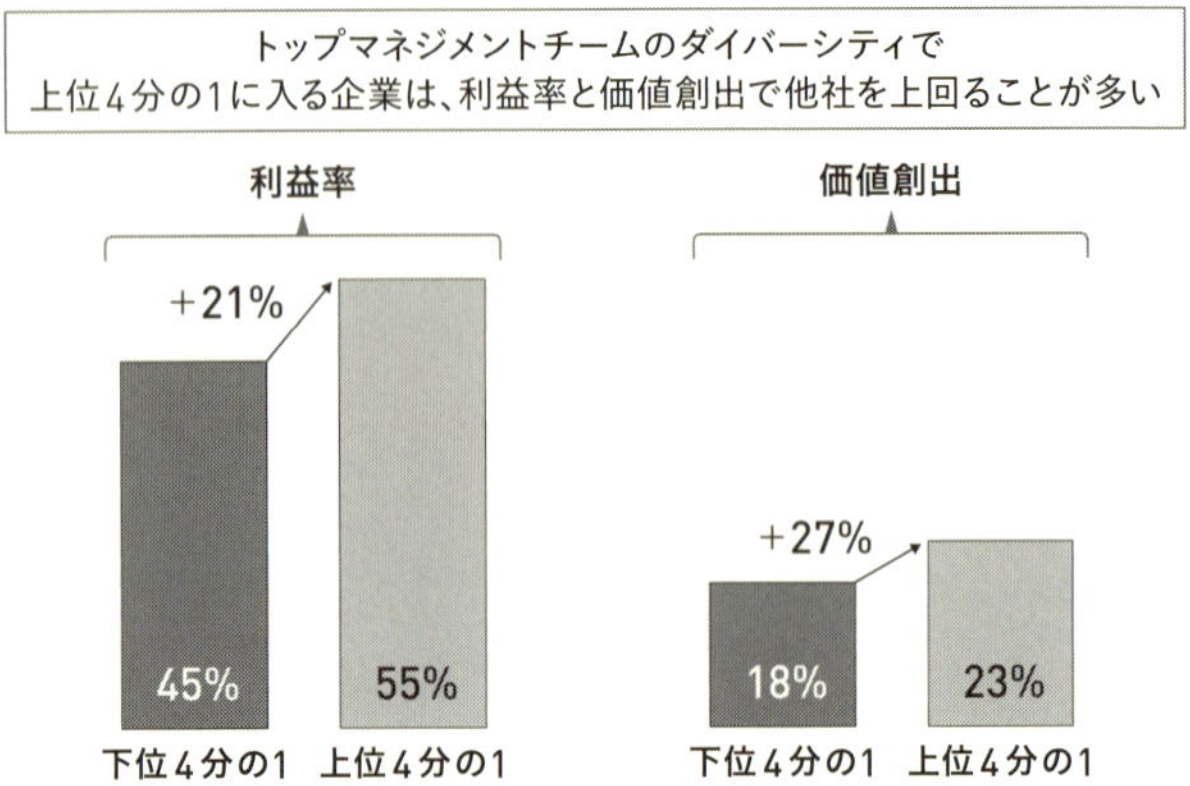

出所：Devillard et al. (2018).

氏の『リーン・イン』や #MeToo ムーブメントに象徴される女性やマイノリティが理由もなく差別されているという問題はあるとは思いますが、これはまた別のテーマだと思いますので、ここでは触れません[9]。ダイバーシティの目的はイノベーションです。

一方、「ダイバーシティは明らかにイノベーションに対してプラスである」と主張するのが、マッキンゼーやBCGといったコンサルティング会社です。両社とも、「ダイバーシティと企業業績は相関関係がある」ことをデータで示し、だからダイバーシティを進めるのが大切なのだと強調するのです[10]。

正確にBCGのレポートを引用すると、「The biggest takeaway we found is a strong and statistically significant correlation between the diversity of management teams and overall innovation.」となります。

マッキンゼーのレポートの図も紹介します（図表8-1）。

こうしたレポートが根本的に間違っているとは思いません。しかし、ミスリーディングであるのは確かです。相関関係（correlation）と因果関係（causation）は根本的に異なったものです。マッキンゼーのレポートでは、ご丁寧にも「確かに相関関係があるから因果関係があるとは言えないし、一部の学者は反論もしている。しかし、マッキンゼーの度重なる調査は、その関係の強さを証明している」なんて、微妙な言い回しで自社の主張の正当化を図っています。

私がよく取り上げ、交換留学生を中心にしたKBSのクラスでも使う「Why hard-nosed executives should care about management theory」という、クレイトン・クリステンセン教授の論文があります。(11)

ここで彼が強調しているのは、「相関関係と因果関係を混同するな」という点です。「鳥に翼があるから（相関関係）、翼さえつければ飛べる（因果関係）はずだ」と、どれだけ多くの人々が失敗したのかという例を挙げています。本当の理由ではなく、成功企業の「目立つ」特徴（相関関係）を真似して失敗する例は経営の世界にもあふれています。

（9）たとえば、"Five Years of Leaning in," *Business Week*, March 8, 2018, pp.50-57。
（10）Devillard et al. (2018); Lorenzo et al. (2018).
（11）Christensen and Raynor (2003).

図表8-2 ダイバーシティとは，イノベーション／業績向上のための出発点

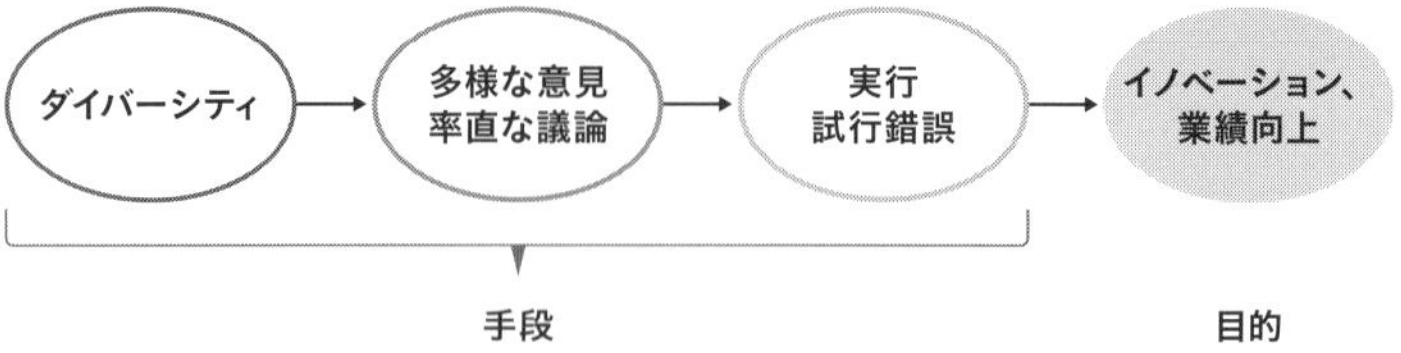

そして、もう一つの重要なポイントは「contingencies」、つまり、ある理論や施策の有効性を考えたときに、どういう条件下であればそれが成立し、どういう条件下のときには成立しないかを明確にしなくてはならないというものです。これまでも、いろいろな経営手法がブームになったと思ったらすぐ消えていくのは、このcontingenciesを考えることなく、ちょっとうまくいかないと「駄目だ」とレッテルを貼られてしまうからだ、とクリステンセン教授は指摘するのです。

考えてみれば当たり前のことです。経営陣に女性が多いほうがよいかどうかは、たとえば鉄鋼メーカーと生活用品メーカーでは全く意味合いが違うでしょう。そうしたさまざまな重要な視点が無視されて「目立つ」部分だけが強調されているのが、ダイバーシティ推進議論の現実のように思われます。

それでは、どうすればよいのでしょうか。

基本に戻って、ダイバーシティとそもそもの目的であるイノベーションあるいは業績との「因果関係」を考えれば、図表8-2のようになるでしょう。「どんな組織の、どんな問題にも効く」万能薬などあるはずがなく、各人が各組織の状況を踏まえなくてはならない（contingencies）ことは言うまでもありません。

つまり、ダイバーシティは打ち出の小づちでも何でもなく、「出発点」にすぎないということです。逆に言えば、どんなに女性や外国人が経営陣や社員に多くても、多様な意見が出なかったり、さらには、それを率直に議論をすることができなければ、何の意味もありません。まさに機会損失、宝の持ち腐れです。

また、過去の成功事例やカリスマの意見が聖域化して、「こんなことを言ってはいけない」という空気があるような組織では、ダイバーシティは生きてきません。「KY」への恐れが組織の潜在力をむしばむ典型例です。さらに言えば、仮に多様な意見が出ても、「価値観」が異なる人々の議論は、往々にして「正論 vs. 正論」になって、話がまとまりません。

劇作家、演出家として活躍される平田オリザ氏は、次のような指摘をされています。(12)

ヨーロッパで仕事をしていると、些細なことでも、とにかくやたらと議論になる。……(中略)…あまたの(おそらく私よりも明らかに才能のある)芸術家たちが海外に出て行って、しかし必ずしもその才能を伸ばせないのは、おそらく対話の時間に耐えられなかったのではないかと私は推測している。さまざまな舞台芸術の国際協働作業の

(12) 平田(二〇一二)一〇三～一〇四ページ。

失敗例を見ていくと、日本の多くの芸術家は、この時間に耐えられず、諦めるか切れるかしてしまうのだ。……（中略）……

異なる価値観と出くわしたときに、物怖じせず、卑屈にも尊大にもならず、粘り強く共有できる部分を見つけ出していくこと。ただそれは、（日本人の子どもたちに）単に教え込めばいいということではなく、おそらく、そうした対話を繰り返すことで出会える喜びも、伝えていかなければならないだろう。

本来、多様性が重要なのは、結果として全体面積（あるいは最小公倍数）が広がるからであるはずですが、現実には常に（最大）公約数の範囲で議論をしているとすれば、多様性の意味は全くありませんし、価値観が違う人がグループに入ると「面倒なヤツが来た」「効率が落ちる」のは当然です。

組織力、部門間のシナジーの重要性が何十年も言われ続けながら、一向に顕在化しないのは、お互いが率直に意見を述べ合って対立をすることを避け、なんとなく合意できる「落としどころ」を探す性癖が身についているからではないでしょうか。だとすれば、アマゾンとの差が一向に縮まらないばかりか、さらに開くのもよくわかります。

第6章や第7章では、機会損失を避けるために maximize ではなく satisfice を求めよと述べましたが、それは「more is better」という発想で「あるかどうかもわからない maximize を求めること」が危険であるという意味で、すでにそこにいる多様なメンバーが持っている潜在力を押し殺すという意味ではありません。

最後に、それでは「ダイバーシティ」の少ない日本企業は、いま本当に価値観を共有し、一丸となっているのかという、より根本的な問題はないでしょうか。繰り返しになりますが、本当に組織の目的、ゴール、判断基準は共有化できているでしょうか。

ロート製薬会長兼ＣＥＯの山田邦雄氏は、「日本企業は、同じような人がたくさんいて、しかもバラバラの方向に向いていることが多い」「会社でグローバル化、グローバル化と言っている割には、個人の内なるグローバル化ができていない」と厳しい指摘をされています。

コンサルティング会社が盛んにダイバーシティの重要性を宣伝するのは、おそらくそうした問題をわかってやっている「確信犯」なのでしょう。

イノベーションや業績に貢献すると言われて、フラフラッとダイバーシティに取り組んだものの、多様な意見も出なければ、率直な議論もできない。当然ですが、イノベーションも業績も上がらない。これはコンサルティング会社に頼むしかない……というシナリオを考えているのではないかと思われてなりません。

ダイバーシティは、イノベーションや業績向上のための手段であり出発点にすぎない。

本当に重要な取組みは、ダイバーシティの後の多様な意見の率直な議論と実行である。

ノート❷

私の個人的な経験

今は天職と思っていますが、私がビジネススクールの教員をやっているとは、就職活動のときには、いや就職して六年目でMBAを取りに行くまでは一ミリも考えたことはありませんでした。

そもそもコンサルティング会社に入るときでさえ、たまたま当時付き合っていた彼女（つまり、今の妻）のいとこがボストン コンサルティング グループ（BCG）の受付をしており、「面白い人がいっぱいいるみたいだから、受けてみれば」と言われ、コンサルティングのことなど全くわからないままに授業中に応募書類を書いて出したら思いがけず評価が高く、面接でも「ビジネスのことがわかっていない」とか「ナイーブというのは馬鹿という意味」などと言われながらも、八月だか九月だかに内定を頂くことができたことがきっかけです。

高級焼肉店で開かれた内定者会（確か五人）には喜んで出て、二次会には六本木のクラブへ連れていっていただきましたが、当時はマスコミ志望でした。これもたいした根拠があったわけではありません。当時はバブルのはしりで、圧倒的な売り手市場の中で銀行や官庁はちょっと違うなあと思い、どちらかといえば消去法の選択でした。

今からは考えられないのですが、某新聞社の筆記試験が一一月（もちろん四年次の）の初め、内定が出たのが一一月の半ば過ぎで、BCGに断りに出向いたときに、後にドリームインキュベータの社長も務められる井上猛氏に、漫画家のサトウサンペイさんがよくいらっしゃるという日本橋のお店に連れていっていただいたことをよく覚えています。

新聞社に行くつもりだったのですが、その後に受付のいとこから、面接をしていただいた吉越亘氏をはじめ一〇人がBCGを辞めて新しい会社を始めるというニュースを聞き、吉越氏と会いました。美味しい食事に釣られて二回目か三回目に出向いた後、今はなき赤坂プリンスホテルのどこかのバーで、夜中の二時頃、各務茂夫、石井光太郎、冨山和彦といった先輩五、六人に囲まれて、あれよあれよという間に「清水くん、一緒にやろう。シャンパンだー、カンパーイ」ということになっていたのです。

後日、コーポレイトディレクション（CDI）のオフィスに呼び出されて行くと、新聞社への内定辞退の手紙の下書きが用意されており、その場で澤田宏之氏に万年筆を渡されて清書し、サインをしたのも強く印象に残っています。

馬鹿だとか、若気の至りだとか、いろいろな言い方はあると思いますが、それがC

DIという会社に入って戦略コンサルタントへの道を歩み、さらにはそうした経験を通じてMBAに興味を持ち、さらにはPh.D.を取ってアメリカの大学で働く道を選ぶ始まりだったのです。

「縁」という言葉を吉越氏もよく使っておられましたが、偶然の産物でした。しかし、はっきり言えることは、今の自分の仕事に「天職」といってよいほど自分に合っていて、満足しているということ、そして、それは私がCDIに入っていなければ見つけることがなかったということです。

まだアメリカにいた頃、CDIの後輩に向けたメッセージとして、次のような文を書いています[13]。

> 「私がCDIに入社したのは、会社ができて二カ月ほどの一九八六年四月一日です。外資系コンサルティング会社や新聞社の内定を断ってわざわざできたばかりのCDIに飛び込んだのは、『俺にできないことはない』といった、神をも恐れない『自信』があったからではないかと思います。
>
> それから二〇年余りが過ぎ、CDIのことをちょっと思い出すと、楽しかったことばかりが浮かびます。しかし、よく考えてみると、私がいた一〇年のうちの九五%ぐらいは、悔しかったり、恥ずかしかった経験です。『連戦連敗』と

いっても過言ではなかったでしょう。何もわからなかった最初の一年くらいはともかく、その後の何年間は『自信』が二つに折られ、四つに砕かれ、粉々になる毎日でした。

今考えてみれば、二〇年前に持っていた『自信』とは、テストの点だとか、大学のブランドといった、実はあまり根拠のない不純物を多く含んで出来上がっていたものでした。粉々になったところから、自分というものに向き合い、よりわけ、純粋な『自信』を作り直そうともがいたのが最後の二、三年だったのかなと思います。こうした経験が、幼稚園児と乳飲み子を抱えて再び学生に戻るという決心の支えとなり、『先生』と呼ばれる立場になってもいい気になってはいけない、という戒めのもとになっているのだと思います。

私がいた頃と比べてずいぶん有名になってはいますが、ブランドだとかノウハウだとかを求める方にはCDIを勧めません。『自信』が、砕かれたときに飛び散ってしまいそうな方も避けたほうが賢明でしょう。自分をどこまでも信じることができ(そうで)、さらに上のステップをめざす方は、考えてみたらいいかもしれません。あるときは地獄の底までついて行ってもいいと思うくらい優

(13) 現在もCDIのウェブサイトにあります(http://www.cdi-japan.co.jp/recruit/cdi/ob)。

しく、またあるときは地獄に突き落としてやりたいと思うくらい冷たい先輩たちが、いろいろと手助けをしてくれるのではないでしょうか」

スティーブ・ジョブズ氏の言う「後から見れば、ドットはつながっている」というのは、そうだなと思うのです。そして、そういう経験をされている方は結構多いと思うのです。

もちろん、CDIの後はトントン拍子に行ったわけではありません。その反対で、さらに大変なことは山ほどありました。一九九二年にダートマス大学に「俺は東大卒で、しかも戦略コンサルティング会社六年の経験があるんだ」と自信満々でMBAを取りに行ったときには、授業中に手を挙げて指されたはいいが、どうしてよいかがわからずに「頭が真っ白になる」人生初めての経験もしていますし、「使えないヤツ」と思われて、グループに入れてもらえないといったこともありました。

一九九六年に四歳の長男、生まれて二カ月に満たない次男とその出産を終えたばかりの妻との四人で、会社を辞めてテキサス大学にPh.D.を取りに行ったときは、さらに大変でした。これだけでもおそらく一冊の本になるくらいです。

よく「MBAのときは本当に死ぬほど勉強した」とおっしゃる方がいて、私も一九九五年まではそう思っていましたが、Ph.D.の課程に入って、自分が何も知らなかったことがわかりました。そして、何とかテキサス大学に就職した後も、「一日二〇時間、好きなときに仕事ができる」と揶揄される生活は続きました。「publish or perish（論文を載せるか、死ぬか）」といわれる過酷な競争社会を何とかくぐり抜け、二〇〇六年にテニュア（終身在職権）を認められたときは、本当にホッとしたものです。

それを一つの区切りに日本語の書籍を書くようになり、二〇〇七年に刊行したデビュー作となる『戦略の原点』の「あとがき」には次のように書いています。

「"publish or perish"といわれるアメリカの大学の世界に入って七年になります。『publish』とは論文を学会誌に載せることですが、一つの論文を書き上げるのに数カ月から一年以上かかることもまれではありません。やっと完成して投稿すると、そこにはその論文のテーマに詳しいレビュアーといわれる匿名の評価者（通常三名）が立ちはだかります。『何も新しいことがない』『一貫性がない』などから始まり、微に入り細をうがって問題点を指摘され、数カ月間待ったあげく『即却下』になることも珍しくありません。

そうしたコメントを怒りを抑えながら読むこともありますし、自分の至らなさにがっかりしながら読むこともあります。そして、また数カ月をかけて書き直し、別の学会誌に投稿、却下、見直し、投稿、却下……こんなことを繰り返してきたのが、この七年間（博士課程時代を入れれば一一年間）といってもよいと思います。運良く現在までに九本の論文が審査を通り、掲載されるか掲載が決まっていますが、そのため受け取った『却下』の数は、その一〇倍に近いのではないかと思います。

当初三年間はなかなか論文が通らず、この論文数がティーチングの評価とともにテニュア、つまり、六年間の試用期間後の『クビ』を左右するため（perishの部分です）、却下の知らせを受け取るたびに焦り、落ち込んでおりました。建築のことを知りもしないのにタイトルにひかれて買った『連戦連敗』という安藤忠雄さんの著書を大事に読んだのもこの頃でした」

一つ言えるのは、こうした経験が、経営戦略を考え、教えるという今の仕事に、結果として一本筋を通すことになったのではないかということです。結局大事なのは、良いアイディアや考えを持っているかどうかではなく、「説明されたアイディア」が「他人から見て」良いかどうかなのだと。

そして、他人に本当にわかってもらうためには、枝がどんなにたくさんあるか、葉がどれだけ生い茂っているかではなく、幹の太さ、根の強さから入らなければならないということを。そして、多くのビジネスパーソンは、「連戦連敗」時代の私を含め、枝や葉に気を取られすぎているということを。

考えてみれば、ここで幹、根と表現しているものが、目的であり、優先順位であると思います。しかし、ジョブズ氏の話ではありませんが、振り返るのは最後でよく、今はまず前を向いてやっていることに集中することで、見えてくるものがあるし、そうしないと目の前にあるチャンスを見逃してしまいます。

その意味で、最初は機会損失を恐れてはいけないのかもしれませんし、機会損失と試行錯誤を繰り返す中から、優先順位の中核に置くものが見えてくるのが現実なのだと思います。デカルトの「第二の格率」をもう一度思い出してみるとよいでしょう。デカルトの方法が最適かどうかは誰にもわかりません。ただし、迷って時間がどんどん過ぎてしまうよりは、何かを始めたほうがよいというのは間違いないと思うのです。

第Ⅳ部

機会損失を最小化するために

達成動機の高い人たちが陥りやすい危険は、今すぐ目に見える成果を生む活動に、無意識のうちに資源を配分してしまうことだ。

実際、上昇志向の強い人たちの私生活には、同じパターンが見られることが多く、思わずハッとさせられる。家族ほど大切なものはないと頭では思っているのに、かつて一番大事だと言っていたものに、ますます資源を振り向けなくなっていくのだ。

――クレイトン・クリステンセン

第9章 優先順位と機会損失

1 優先順位づけの難しさ

　ここまでいろいろと議論をしてきましたが、結局のところ「優先順位」の間違いが「機会損失」の大きな根っこの問題です。やりやすいから、目立つから、あるいは叱られるからということで、その「短期的」な課題に取り組めば、すぐ結果が出て、それなりの達成感もある。

　しかし、そこには二つの大きな落とし穴があるのです。一つは限られた資源が「短期的な課題」に取り組むことに使われ（既存資源の活用＝exploitation）、「中長期的な課題」（新たなイノベーションの探索＝exploration）に振り向けられないという機会損失。

　そして、もう一つは短期的な課題は「結果」が出やすいので、「短期重視」のドライブがさらにかかることです。特に、悪い結果については「全社一丸」になって取り組む、しかし業績は上がらない、もっとだ、危機感が足りない、とばかりにエスカレートしたりすることは、すでに述べたとおりです。

なぜ優先順位づけがそんなに難しいのか。

これまでの議論を振り返ってみれば、結局、目の前に「見えること」のほうが「見えないこと」よりも注意を引きやすく、取り組みやすいという根本的な問題に行き着きます。

そして、それと関連した古くて新しい重要な課題は、「手段の目的化」です。これは、戦略立案はもちろん、データ分析もそうですし、M&Aあるいはダイバーシティでも同じことがいえます。M&Aをすること、取締役会や組織が多様な人材で構成されることは、手段であって目的ではありません。しかし、多くの組織であったり、場合によっては、そうした組織に助言するべき政府や団体までが、「手段」をKPIにして声高に叫んだりするのです。

ある意味で仕方がないところはあります。目的は多くの場合、中長期的で、なかなかすぐに結果は出ません。また、「中長期的」ということは、ポジティブなニュアンスを持っているので、短期的な赤字や失敗の「言い訳」にもよく使われます。しかし、これが日本企業がなぜ「失われた一〇年、二〇年」を体験しなくてはならなかったのかの一つの理由です。

ただし、すでに議論してきたように、だからといって見えやすい、測りやすい手段ばか

図表9-1　重要性と緊急性のマトリックス

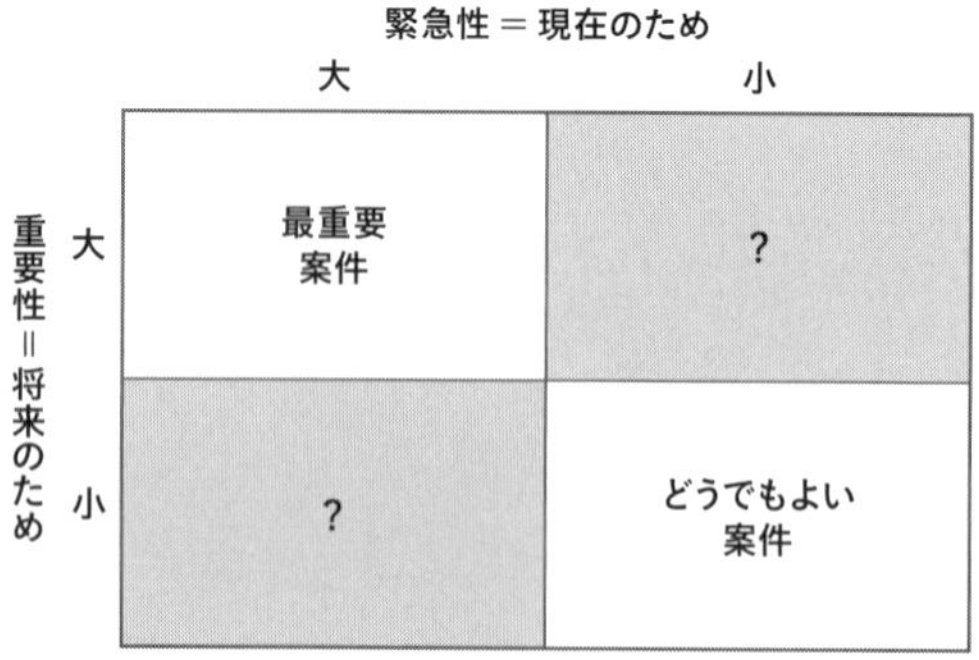

りを強調すれば、多くの機会損失が生まれるばかりか、そもそも機会損失という意識もない状況が続くでしょう。リストラを重ねて、何とか立ち直り、さて、次の成長施策は、と社内を見渡すと、将来の柱になりそうな事業や技術は、すべてリストラしてしまって、ない……ということになりかねません。

図表9－1のマトリックスは、スティーブン・コヴィーの『七つの習慣』をはじめ、多くのところで見かけるものです。左上の重要性も緊急性も大きい課題は、当然ですが、すぐにやらなくてはなりません。最重要案件で、ここで間違う企業はまずありません（間違えた企業は、ほぼ退場になるので、結果として、間違えない企業だけが残っているということもあります）。

問題は右上と左下です。本来は「重要性」で判断するべきなのですが、多くの場合「緊急性」が勝ってしまう。いわゆる「先送り」です。会社でいえば、上司から「すぐ書類を作れ」と命令されれば何をおいてもやらなくてはならないのが現実ですが、実際には、その書類は単なる「念のため」であることがしばしばあります。

社長が大手顧客を訪問するから、あれを揃えろ、これを揃えろと部長は「保険」をかけまくるわけですが、実際のミーティングには全く使われない。それはなぜかといえば、そうした「保険のための書類作り」に手を取られて、本当に大事なテーマを絞り込めていなかったり、共有できていなかったりするという悪循環が起きているからだ……というような話です。日本の年金や財政問題も、ほぼ同じような構造であると思います。

しかし、これはまだ相対的に軽い問題です。少なくとも、わかっている人はわかっています。本当に深刻なのは何が重要かそもそもわからない、あるいは重要性と緊急性をほぼ同じ軸で捉えており、判断基準そのものが間違っているような場合です。さらに言えば、そうした場合、自分たちは正しいと思っていることがほとんどです。

すでに何度も触れたように、人間のバイアスの本当の問題は、バイアスがかかっていることではなく、自分がバイアスにかかっていることに「気がつかない」ことなのです。それでいて、会社の業績が上がらないと、「外部の環境が良くないから」と言ったり、「現場に危機感が足りない」と言ったりするのです。

繰り返しになりますが、そういう経営陣が馬鹿だとか、おかしいと言っているわけではありません。「真剣」にそう思っているのだと思います。だからこそ、よけいにタチが悪いのです。

そうした問題を考えたとき、まず踏まえなくてはならない二つの点があると思います。

①「目的＝優先順位（重要性）」の判断基準を明確に共有すること、②広い視野を持つこと、です。その二つを実現するための方法として、以下でさらに議論を深めていきたいと思います。

機会損失は優先順位の間違いから起きる。その一つの理由は「手段の目的化」にある。しかし、そもそも機会損失にすら気づいていない場合も多い。

2

「目的＝判断基準」を明確に共有する

「目的＝判断基準」を明確に共有するなんて、会社のビジョンやミッションと同じくらい「いろはのい」という感じだと思いますが、会社のビジョンやミッションと同じくらい現実にはよく理解されていません。

会社のビジョンやミッションでよく出てくる「社会への貢献」「グローバル」「イノベーション」に反対する人は誰もいないけれども、それが何を意味するのかが本当にわかっている人もいない（いるのかもしれませんが、個人個人で好き勝手に解釈していることがほとんどである）ように、目的について本当にわかっているか、共有できているかというと、実は相当怪しいのが現実ではないかと思うのです。

もちろん、この目的については、会社レベルから、部、課、あるいはプロジェクト、個人の仕事など、さまざまなレベルがあり、すべてを同列に比較することはできません。ただし、課にせよプロジェクトや個人にせよ、組織に属する限り、最終的には組織の目的を達成するのであることは間違いないはずです。本書の冒頭でも、「機会損失を考えるとは、意思決定の基準、価値観を考えるということにほかならない」と申し上げたのは、そういうことです。

なぜ目的が共有されないのでしょうか。

これは本書のテーマである「見えること」と「手段」にどうしても注意が行ってしまい、いつの間にか「見えない」大切なこと、つまり、目的がなおざりになってしまうということであると思います。さらに言えば、「目的が大切なのは明らかだから、そんなことは言わなくてもわかっているはずだ」ということで、そもそもあからさまに議論をしないということもあると思います。

少し話は変わりますが、一般企業のミッション・ステートメントにあたる、ジョンソン・エンド・ジョンソン（J&J）のクレド（信条）を見てみます。もう少し本当は長いのですが[1]、優先順位だけに着目して、省略します。

Our Credo

We believe our first responsibility is to the doctors, nurses and patients, to mothers and fathers and all others who use our products and services. ……

We are responsible to our employees, the men and women who work with us throughout the world. Everyone must be considered as an individual. ……

We are responsible to the communities in which we live and work and to the world community as well. ……

Our final responsibility is to our stockholders. Business must make a sound profit. ……

このクレドが有名な一つの理由は「医師、看護師、患者、そして母親、父親をはじめとする、すべての顧客」が最優先であって、よく日本のマスコミなどで強調される「株主の利益」は最後にあるということです。それにもかかわらず、Ｊ＆Ｊは素晴らしい業績と強固な財務体質を誇り、世界で二社しかないＡＡＡの格付けを得ています（もう一社はマイクロソフト）。

大企業のミッション・ステートメントなどは誰も知らないのに、このクレドが世界的に有名になったのは一九八二年に起こった鎮痛薬タイレノール（カプセル）への毒物混入事件がきっかけでした。

『シカゴ・サン・タイムズ』紙から、その通報を受けたＪ＆Ｊは即座に情報公開をして消費者に注意を促すとともに（その報道の回数は一二万回を超え、ＪＦＫ暗殺事件以来の数だと言われています）、全社売上の一七％を占めていたこの商品の三一〇〇万ボトルをすべて回収し、すでに購入していた顧客には代替品を提供する決断をします。そのコストは一億ドルを超えていたと言われます。

七人の死者を出し、「タイレノールは終わった」と言われたにもかかわらず、こうした「顧客第一」の対応とパッケージを新しくした結果、一時は三七％から七％にまで落ちたシェアは、二カ月後には三〇％にまで盛り返すのです。こうしたことがあって、Ｊ＆Ｊの社員（そして、すべてのステークホルダー）は「顧客が利益に優先する」という、よく建前だけでいわれる言葉が、建前でないことが実感できたのです。

雲の上の社長や売上ノルマばかりにこだわる上司から「顧客第一だ」と一〇〇回言われてもピンとこなかったけれど、お客様から一回「ありがとう」と言われた感激を忘れられない、という経験をお持ちの方は多いのではないでしょうか。

また、私がゼミ生とともにケースを執筆した株式会社Gunosy[2]では、インターネットで

（1）ジョンソン・エンド・ジョンソンウェブサイト（https://www.jnj.com/credo）。

ＡＩやアルゴリズムを武器にして上場企業になった、若き福島良典ＣＥＯが経営の「核」と繰り返していた言葉は、インターネットでも技術でもなく「顧客」でした。

「マネジメントとは顧客の満足度を上げる意思決定」「上司は部長でも社長でもなく、顧客だ」「顧客にとって正しい施策ならば、それは社長の意見よりも優先される」などなど。顧客のデータが取りやすい業界だということもあったとは思いますが、すべての経営意思決定は顧客データに基づいて行われており、それが組織全体に浸透している印象を強く持ちました。つまり、目的や基準は、あるかないかと同じか、それ以上に共有、浸透しているかどうかが重要なのです。

目的を共有する王道は、できるだけ明確にし、何度も何度もコミュニケーションをとり、確認することに尽きます。特に仕事レベルでは、目的はわかっているという前提で「手順」や「作業」だけの情報伝達になりがちですが、「目的」が本当にわかっているかどうかで、効率も効果も違うのです。最初の計画とは違ったより良い方法が発見できた、というのも、目的が本当に理解できていなくてはありえないことです。

その意味では、目的の共有とは、単に機会損失だけの問題ではなく、そもそも戦略にせよ計画にせよ、組織力を最大限に発揮し実行をしていくうえで非常に重要な要素であることがわかります。この点については、拙著で図表9-2のような「コミュニケーション・ピラミッド」を提唱しました。

図表9-2 コミュニケーション・ピラミッド

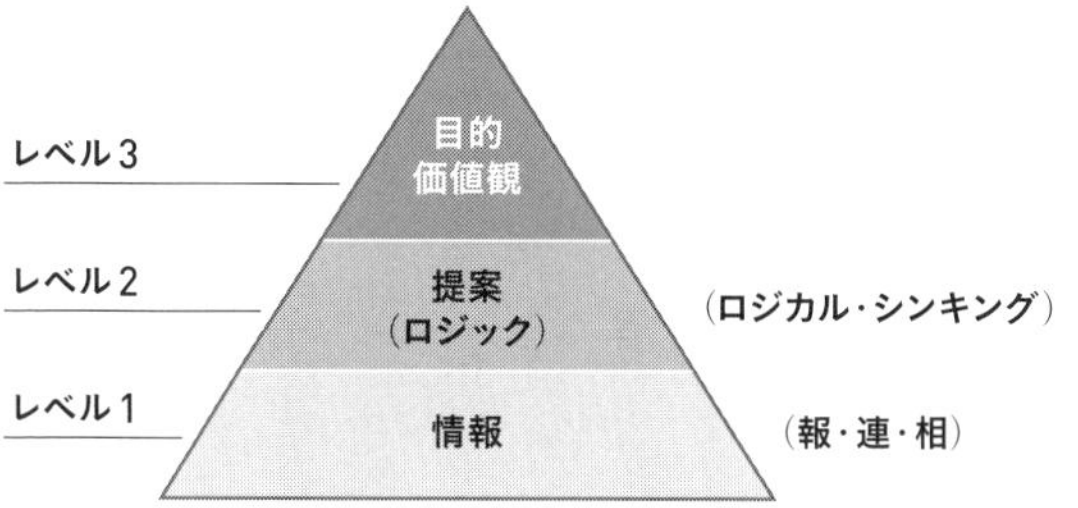

出所：清水（2011b）p.153。

そして、もう一つ大切なことは、言葉、特に抽象的な言葉だけでは「わかったつもり」にはなるけれど、本当の共有は難しいということです。逆に言えば、目的を「腹落ち」して初めて本当の意味での共有ができるのであり、そのためには「実感」すること、つまり、「目に見える、感じられる具体例」が必要なのです。

実際、私もKBSで修士論文の指導をしていてよく思うのは、「一般論ほどつまらないものはない」ということです。企業の研究をすると、どうしてもそれを「一般化」、つまり業界や規模の異なる企業にも学べるように、抽象的な教訓を導き出そうとしてしまう学生がいます。気持ちはわかるのですが、一般化しようとして抽象的な経営用語を使おうとすればするほど、「顧客が大切」とか「自信過剰に陥らない」などという、つまらない結論になります。

そうではなく、（おそらくこれは論文や小説を含めて、どんなことにも言えると思うのですが）具体的なディテールをきちんと伝える、つまり、よりビビッドで、自分が追体験できるような叙述を提

（2）「株式会社Gunosy」慶應ビジネス・スクールケース教材、二〇一七年。

供することで、読者は初めて「腹落ち」し、教訓を「共有」できるのです。

東京オリンピック招致のプレゼンテーションで重要な役割を果たしたニック・バーリー氏がＫＢＳに来校し、特別講義を行ってくれました。それがＮＨＫのテレビ番組「白熱教室」でも放送されました。そのときのお題は「どのように外国人観光客に日本の良さをアピールするか」でした。

ＫＢＳの学生がチームを作って、いろいろな発表を繰り広げたのですが、講評で彼が挙げた最も重要なキーワードは「imagine」、つまり、「想像してみてください」でした。素敵な言葉、グラフ、パワーポイントも重要なのですが、結局は聞く側が自分が日本を訪れたときの場面を具体的に思い描き、その感動を想像することができるかどうか、それがすべてなのだという彼の指摘に、強く納得したのを覚えています。

経営戦略などを議論するときには、「将来のありたい姿を考え、そこから逆算する」ということをよく言います。それは正しいと思いますし、一人の経営者の頭、あるいは数人の問題意識がほぼ同じである経営陣ではよいでしょう。

しかし、「ダイバーシティ」を推進するのであれば、それは簡単ではありませんし、さらにメンバーの数が増えれば、「建前の目的」は右の耳から左の耳にただ流れていくだけか、最悪の場合、伝言ゲームを通じて勝手に解釈され、全く別のものにすり替わったり、「手段」が聖域化されて本当の目的とはかけ離れたＫＰＩに向けて、会社が一丸となる……ということにもなりかねません。
繰り返しになりますが、どんな素晴らしい目的、夢でも、「ピンとくる」や「実感する」ことがなければ、それを達成しようという意欲も情熱もわきません。結果として「手段」(それはKPIかもしれませんし、マニュアルかもしれませんし、あるいは労働時間かもしれませんが)にとらわれ、「思考停止」に陥らざるをえません。「ピンとくる」と「実感する」には小さなこと、身近なこと、あるいは、つまらないことであっても、具体性がなくてはならないのです。逆に言えば、社員はトップや上司の「ちょっとした行動」や「つまらない発言」から、そうした仕事の「本当の」目的を理解しているのです。
デザイナーの佐藤オオキ氏が、藤子・F・不二雄先生が「SF」とは「すこしふしぎ」とおっしゃっていることを取り上げ、それが自分の根底にあることを漫画家の松井優征氏との対談で話していました[3]。突拍子もないものではなく、日常の中のちょっとした非日常が楽しいドラマを生むのであると。世界はすごく上から見ないと見えないのですが、実は自分の手の中にある一つの事柄もまた、世界を表しているのではないでしょうか。

目的は「実感」できなければ、本当の意味の共有もできない。

---

(3) 松井・佐藤(二〇一六)。

3

ポートフォリオとトレードオフ

第1章では、二つの意味での「トレードオフ」について触れました。一つは、現在の限られた資源をどこに集中させるか、逆に言えば、可能性のあるオプションのどれを捨てるかという「現在の資源のトレードオフ」。もう一つは、将来と現在をにらんで、何でもかんでも、今は赤字だからやめるとか刈り取るのではなく、たとえば黒字であっても将来性がない事業は売却し、逆に将来の可能性のある事業には投資を続け、育てるという意味の「時間軸のトレードオフ」です。

トレードオフを考えることは、すべからくどのようなオプションがあるかを考えることです。それぞれのオプションには当然いろいろな特徴、たとえば、ハイリスク・ハイリターンのものもあれば、ローリスク・ローリターンのものもあるでしょう。その中でどれを選び、どれを捨てるかを決める前に全体像を見る。これがポートフォリオの考え方です。

つまり、機会損失を理解するには、そもそもどのような選択肢が現段階の、そして、将来の時間軸の中であるかを考えることが不可欠です。一つの選択肢だけを見て「決め打ち」することが成功する場合もないとは言えませんが、一般にそうした状況は「視野狭窄」と呼ばれます。

また、もっと選択肢はないかと探し続ける「More is better」もまた、過ぎたるは及ばざるがごとしであることも議論をしました。いずれにせよ、トレードオフを決断しなくてはなりませんが、その前提として広い視野から選択肢を理解しておくことが必要条件です。ちなみに、「ダイバーシティ」のそもそもの目的は、より広い選択肢を考えることでした。

ポートフォリオで考える意味は、機会損失だけでなく、一つ一つの意思決定の質を上げていくうえでも重要です。組織にとって、当該戦略やプロジェクトが唯一の課題であるとすれば、ネガティブなフィードバックがあっても、引き続きコミットをして何とか成功させようと考えることは当然でしょう。

しかし、そもそも一つの戦略、プロジェクトに対する意思決定の一つ一つを独立して考えて、成功か失敗か、どれだけ資源を追加投入するべきか、いつやめるべきかを判断することは簡単ではありません。組織にとって、すべての意思決定は関連するものであり、だからこそ資源配分が企業戦略の中核をなすとすれば、一つ一つの意思決定について独立させて、それらの将来性を評価するのではなく、全体像を俯瞰して複数の決定、プロジェクトを相互に比較することで初めて「全体最適」に近づけることができるのです。

当該戦略がうまくいかず、そうはいっても成功の可能性を否定できない、あるいは、そこそこうまくいっていたとしても、他により有望で効果の高い戦略、プロジェクトがあれば、そちらにより資源を投入しなくてはなりません。逆に、当該プロジェクトの結果が芳しくなくとも、他に可能性のある事業が全くないとすれば、この事業に懸けるという考え方も当然、生まれてくるでしょう。

冒頭で述べたように、企業や行政を含めたさまざまな組織では、一つの施策が良いか悪いかは、全体のポートフォリオの観点があって初めて評価が可能であるにもかかわらず、それなくして、いたずらに時間を浪費するケースが、最近の日本で目立つことが心配です。

一般にポートフォリオを考える際には、現在のさまざまなオプションを考えますが、時間軸でも同じことがいえます。組織とはさまざまな意思決定のつながりであり、中長期的に見れば、一つの意思決定がすべてを決するということはまずないからです。

一つの素晴らしい決定も、次の決定(例：実行に関する決定)がまずければ、その価値を十分に実現することはできませんし、また逆もありえます。一つの戦略やプロジェクトにおける決定を単独で考えるのではなく、その決定の結果が、次にどのような価値をもたらすかを考えることで、戦略の評価の幅が広がるだけでなく、戦略転換に関する不確定性や抵抗を低減できるのです。先に述べたリアルオプションは、まさにそういう考え方です し(もちろん、限界はありますが)、学習効果といってもよいでしょう。

たとえば、M&Aの失敗を考えてみましょう。企業買収が一回限りのものであるとすれば、経営者(あるいは担当者)にとっては、どうしても失敗できないという気持ちがあって不思議はありません。結果として、業績が悪化しているのにもかかわらず、意識的、あるいは無意識的に情報を楽観的に解釈し、コミットを続け、将来の成功に賭けるということになりがちです。

しかし、M&Aの機会は将来にいくつもあると考えれば、今回のM&Aが失敗であったとしても、それは将来に向けた重要な学習の機会であった、と捉えることができるでしょう。この点は、イノベーションを継続的に生み出すために非常に重要なポイントであると、先日KBSのトップセミナーで講義していただいたハーバード・ビジネススクールのゲイリー・ピサノ教授も強調されていました。そもそも、当該ターゲットを無理して買わずに、諦めるという決断もできるかもしれません。

ビジネスでも私生活でも、たとえば、マンションのCMが典型ですが、「希少性」を売りにすることはよくあります。千載一遇のチャンスだと。もしかしたら、そうかもしれませんが、そうでないかもしれません(マンションの場合、マーケットが悪くなると、かつての「希少物件」が売り市場にあふれたりします)。

また、仮に希少であっても、投資効果を考えて釣り合うかどうか。将来を踏まえた時系列ポートフォリオのマインドを持つことで、現在の業績、あるいは将来性についても、より現実的な理解が可能になるのです。

個別案件を独立に意思決定するのではなく、全体ポートフォリオの中で比較検討する

ことで全体最適に近づける。

4 広い視野を持つために

機会損失の最小化、つまり、組織全体から見て正しい優先順位づけを行い、全体最適に少しでも近づくには、広い視野を持ち、現在、そして時系列の二つのポートフォリオを踏まえた戦略的な決断、トレードオフを行わなくてはなりません。「選択と集中」もそうですし、たとえば、スキーの「複合」という競技もそうですが、複数の、そして、それぞれ異なったタイプの課題を両立させることが経営の難しさであり、その醍醐味であるともいえるでしょう。

……

アリになれるか、トンボになれるか、それでも君は人間だ。

これは、私がお世話になったコーポレイトディレクションのファウンダーであった故・吉越亘氏が創業の頃、事あるごとに引用していた瀬島龍三氏の言葉です[4]。創業して初めて対外向けに吉越氏が書いた「ニューズレターNO.1」には、次のような彼のコンサルティングに関する考えを続けます。

きわめて地道な活動（アリ）と、ものの見方を我々第三者／顧客企業のトップ・ミドル・ライン／競争企業／市場側（消費財であれば消費者）に据える複眼的視点（トンボ）、そして、戦略全体のバランス感覚と諸々の判断（人間）が経営戦略を考えていくうえでの基本要件である。

組織として優れた意思決定を行い、それをきちんと実行していくためには、リーダー、そしてそれぞれのメンバーが自信を持って行動しながら一方で現実を直視し、謙虚な内面を持ち続けるという異なった面を両立させる力が重要です。

スタンフォード大学のフェファー、サットン両教授は、そうした「知恵を持ったリーダー」の例として、同大学で最初に女性でテニュアを取ったコンリー教授の例を挙げています[5]。コンリー教授は、悪性脳腫瘍の患者について部下の神経外科医と話すとき、どのような選択肢があり、それぞれのプラスマイナスを率直に告げ、どうしたらよいか不明であ

（4）CDIウェブサイト（http://www.cdi-japan.co.jp/column-news/page/9/）。
（5）Pfeffer and Sutton (2006).

るという現状にも正直に向き合いました。しかし、彼女とチームがその患者に会うときは、病気の深刻さを否定はしないものの、チームは自信満々で最良の治療法の選択をしたと告げるといいます。

そうした「豹変」の理由として、コンリー教授が強調したという患者の心理状態が生存に重要なこと、そしてその生きる意志、何かを信じることこそが最大の治療法なのだというポイントは、戦略の決定と実行においても同じことが言えるのではないかと思います。「保険」をかけて、曖昧なことを言っているリーダーの下で部下がチャレンジするわけはありません。

フェファー、サットン両教授は、この例を挙げて「経営者への教訓は明確である。個人的には疑問を持ったり、不透明に感じたり、自分の知識や能力の限界を認めながら、他の人々が一生懸命努力し、コミットできるよう自信を示さなくてはならないということである」と結んでいます。

問題は、経営の根本的なこうしたジレンマを解決するために、どうしたら異なった視点や課題を止揚できる広い視野を持てるか、いや、持ち続けられるかという点です。「エスカレーション・オブ・コミットメント」のところでも、そして行動経済学、あるいは心理学が長く指摘するように、人間はバイアスの生き物であり、気をつけていたつもりでも無意識のうちに自信過剰になったり視野狭窄になってしまうのです。

図表9-3 機会損失の最小化と全体最適の実現に向けて

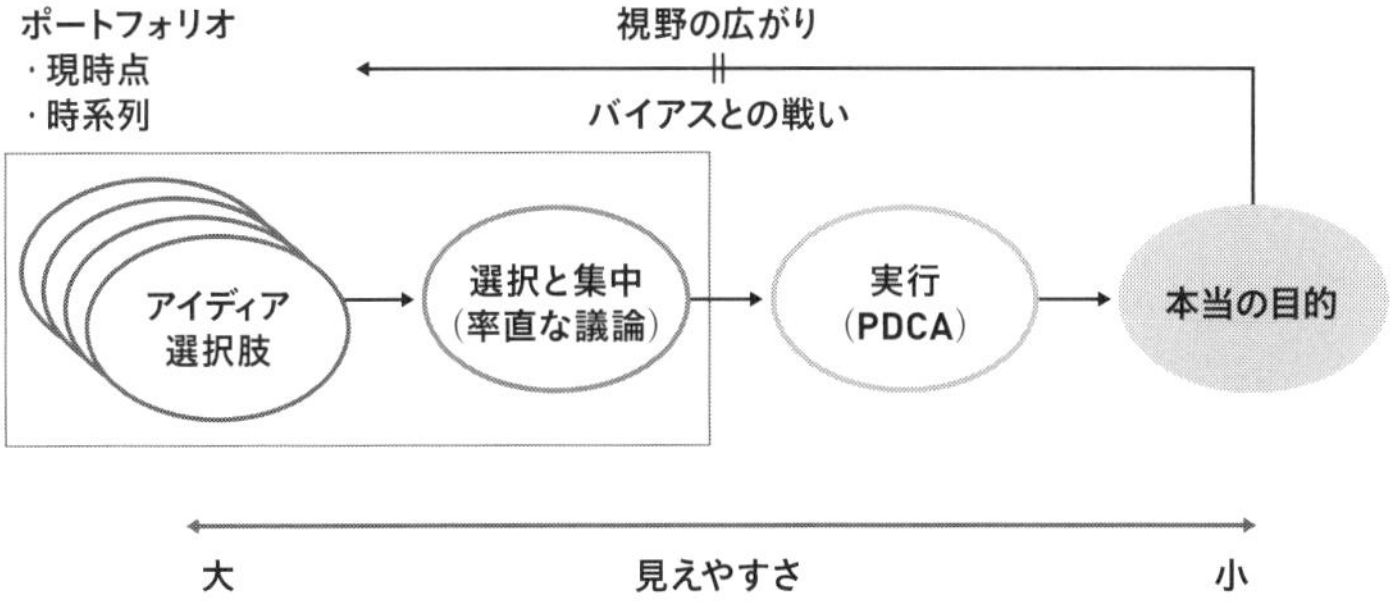

機会損失の最小化と全体最適の実現に向けた、これまでの議論をまとめれば、図表9-3のようになります。

次章からは、機会損失を最小化するために、広い視野を持って現在と時系列の二種類のポートフォリオを持ったうえでの戦略的な意思決定、トレードオフの重要性であるという「WHAT」をわかったうえで、どのように対処できるのかの「HOW」についてもう少し考えてみます。

おそらく、やらなくてはならないことは山のようにあります。しかし、そのためにあれもこれもやらなくてはならないと「analysis paralysis」「more is better」症候群に陥ったら、それこそ機会損失です。ですから、次章からは次の三点に絞って、それぞれ深掘りをします。

①目的＝原点を明確にする
②バイアスと戦う
③実行する

第10章 機会損失にどう取り組むか 1
――目的＝原点を明確にする

1 手段を目的化させない

機会損失が生まれる最大の原因は、いつの間にか本当の目的がわからなくなり、優先順位を間違えること、そして「手段の目的化」です。また、目的はわかっているつもりでも、人によって解釈がバラバラであることが多い点にも触れました。

そんな中で「ポートフォリオだ」や「トレードオフだ」と叫んでも、話がまとまるわけはありません。組織の意思決定が政治の道具になる背景には、こうした目的がはっきりしていないし、共有もされていない。結果として私的な解釈がまかり通ることになります。

東京大学特任教授の片田敏孝氏が日本経済新聞夕刊で連載した「津波から命を守れ」（二〇一八年三月五日〜九日）は、「目的」と「手段（あるいは計画、マニュアル、目安）」の違いが、いかに重要かを改めて思い起こさせてくれます。

東日本大震災での津波の被害を受けた、岩手県釜石市の小中学校における防災の授業では、まずハザードマップを見せるのが通常だったのですが、自宅が浸水域の外にあると「うちは大丈夫」と思ってしまう子どもが続出したそうです。ハザードマップは一つの予測にすぎず、現実はどうなるかわかりません。ですから、「ハザードマップを信じるな」が避難の第一原則だったといいます。

そして、震災当日には、停電で校内放送もない中でサッカー部の生徒たちが自分たちの判断でいち早く避難を始めました。三月八日分からそのまま引用します。

……………………

子どもたちはあらかじめ決めておいた老人介護施設に駆け込みました。ところが建物脇の崖が崩れかけているのを見て「ここも危ない。もっと遠くに逃げよう」と、さらに高台まで逃げました。こうして施設の入居者や近隣の住民も助かりました。

涙が出る思いです。

決められた老人介護施設への避難は一つの「手段」にすぎず、命を守るという「目的」に沿って、中学生たちが自分の頭で考えられたのは、手段と目的を取り違えることがなかったからです。

翻って、「崖」が崩れかけているのに「大企業だから大丈夫」「ルールで決まっている」

「そのうち収まる」と、意識的、無意識的に現実を直視できず、一つの手段に凝り固まっている企業がどれほど多いでしょう。

前例踏襲、ルールを守ることは楽です。ルールのない中での行動、場合によってはルールを逸脱するような行動はリスクを伴うことは間違いありません。しかし、「目的」がはっきりわかっていれば、そうしたリスクを取る勇気が生まれます。既存の手段にしがみつくことほど楽で、また危険なことはありません。

2 教科書どおりの原理原則を貫く

KBSが二〇一五年から始めたエグゼクティブMBA（EMBA）クラスを担当していただいている経営共創基盤（IGPI）の冨山和彦CEOと田原幸宏取締役[1]の指摘された「WHAT-WHEN-HOW-WHO」というフレームワークは、非常に参考になりました。本書のテーマであるように、経営者の最も重要な仕事は意思決定、特に難しい意思決定です。何をするか、何をしないか、さらにそのタイミングはいつか、それがWHAT-WHENです。

ただし、実際に決めたとしても、組織が動かなければ「絵に描いた餅」であると。「正論」を振りかざすコンサルタントほどやっかいなものはない、と富山氏は言います。つまり、WHATがわかっても、それを実行するための方法論HOW、そして組織を実際に動かすときに必要なキーマンWHOがわかっていなくてはならないのです。「アリになれるか、トンボになれるか、それでも君は人間だ」ということです。

実際、「教科書どおり」というのは、「頭でっかち」や「お勉強」と並んでビジネスの現場では悪口のことが多く、「だから、MBAは使えない」という尾ひれがつくことも少なくありません。たとえば、星野リゾートの星野佳路社長(コーネル大学ホテル経営大学院修士)も日本交通の川鍋一朗会長(マッキンゼー出身、ノースウェスタン大学ケロッグ・ビジネススクールMBA)も「教科書どおり」にやろうとして挫折した経験をしています。

私もコンサルティング会社に一〇年、アメリカで一五年、そして日本に戻ってKBSで教えて八年、「組織を動かすことは簡単でない」ことを考え、そしてアドバイスをしたり、教えたりしてきました。

しかし、最近思うのが、「ちょっと逆ではないか」ということです。MBAブームが一段落したせいもあってか、「十分条件」つまり「リーダーは結局胆力だ」「交渉力が重要だ」「相手の利益を考えろ」といった点ばかりがやたら強調されすぎていないかと感じる

---

(1) 二人とも私の前職のコンサルティング会社CDIの同僚です。

のです。

もちろん、こうした点は重要です。しかし、もし「必要条件」がしっかりと満たされていなかった場合はどうでしょうか。実際、たとえば戦国時代で「勇猛果敢な武将」が必ずしも勝利を収めているとは限りませんし、駆け引きが抜群にうまい弁護士も（政治家も？）お金は貯まるかもしれませんが、幸せかどうかは別の話です。

こうしたことを考えるようになったのは、先述のＥＭＢＡクラスにおけるもう一つの発見です。ＥＭＢＡの学生たちは、最低一五年の社会人経験があり、組織でどう振る舞えばよいか、どうしたら部門（や上司）を動かせるかの十分な経験を持っており、同じクラスに参加していた若いＭＢＡ学生たちがＷＨＡＴにこだわるのに比べてＨＯＷやＷＨＯの重要性は十分にわかっていました。「そんなの、当たり前だろう」という反応もありました。

しかし、さらに聞いてみると、「自分たちはＨＯＷ-ＷＨＯばかりに目がいっていなかったか」という気づきがあったようです。本当に原則論に基づいてＷＨＡＴ-ＷＨＥＮを考え抜くことなく、ＨＯＷ-ＷＨＯ（あるいは忖度で）で組織をうまく泳ぐ技術を磨くことばかりに一生懸命でなかったか、という反省です。いつのまにか空気を読むことが目的化しているのです。

実は「できる」と言われる人の中でこうした「ＨＯＷ-ＷＨＯ」型はままあります。我流でゴルフがうまくなりました……という感じです。それである程度まではいくのですが、限界にぶち当たったとき、どうしたらよいかがわからなくなります。原理原則がないからです。

逆に、先述のGunosyの福島CEOあるいはJINSの田中仁社長と話して思ったのは、こうした若手の起業家の方は結構「教科書どおり」、ぶれずに経営をされているなということです。また、先述の「津波から命を守れ」の連載でも、**「僕たちは学校で学んだことを実行して命を守りました。だから、多くの仲間が助かったのは奇跡ではなく、実績です」**という子どものコメントが挙げられています。

『星野リゾートの教科書』の中で、星野社長は教科書に書いてある理論に基づくことで、ぶれが少なくなり、決断に自信が持てるようになるばかりか、社員に対しても判断の説明を明快にできるのだと指摘されています。また、ミスミの三枝匡氏も、自らの企業変革の経験をもとにした著書で同じようなことを指摘されています[2]。

もちろん、人間が理屈だけの合理的な存在であるとは一ミリも思いません。しかし、原理原則を抑えたうえで、そうした話をしていかなければ、結局は本当の目的を見失ってぶれたり、「組織を動かすこと自体が目的」になってしまうのではないかと思います。

実際、第1章で議論をしてきたような戦略の本質、特に今回の大きなテーマである「差

(2) たとえば、三枝(二〇〇二)。

別化」と「トレードオフ」という「教科書的な原理原則」に対してどれだけ厳しく詰められているでしょうか。「なんとかうまくやれ」といった、権限委譲という言葉を悪用した「現場に丸投げ」が起こっていないでしょうか。

「率直な議論」とも関連しますが、「当社は特殊です」とか「人間はそんな簡単なものではありません」と言ってポートフォリオやトレードオフの考え方を拒む人たちには、ぜひ「教科書どおりで何が悪いんだ」と言ってみましょう。

結局、経営理論とは「地図」なのだと思います。星野社長が指摘されるように、地図は絶対ではありませんが、地図を使うことで不安やリスクを大きく下げることができます。もちろん、地図がなくても目的地にたどり着ける「野生の勘」を備えた経営者もいます。しかし、「教科書なんて役に立たない」とか「経営の論理なんて意味ない」と言っている人たちは、そもそも目的地(多くの場合、自分がどこにいるかも)がわかっていないか、地図がそもそもあまり必要でない近所で、うろちょろしていることがほとんどです。

3 結果を測る

本来の目的が原点から外れていないかどうかは、施策や戦略の結果がどうかをまず見なくてはなりません。もちろん、赤字だから駄目、黒字だから良いという単純な解釈ではないことはすでに申し上げたとおりですが、いずれにせよ、現状を正しく知らなくては次の手が打てないはずです。

これは一見「当たり前」のようですが、結構できていないことは多いのです。第1章の3Cのところでも触れましたし、第3章の部門別損益や商品別損益に関しても、しっかりとアクティビティベース（ABC）で管理されていないことは多いのです。

特に新しいプロジェクトは多くの場合、「成功を前提」に進められ、「もし失敗したらどうするか」を考えることは後ろ向きで、社内のタブーになっている場合すらあります。意思決定後は、経営者の注意は別の新しいプロジェクト、案件に割かれ、当該戦略がどのようになったかはなおざりにされることがびっくりするほど多い（PDCAと言われながら、PDPDになる）にもかかわらず、なかなか改善されていないように思われます。

これは「率直さ」とも関係するのですが、そもそも「測る」カルチャーの醸成が目的を見失わない大前提です。もちろん、KPIばかりが乱立して、何が何だかわからない「more is better」症候群は論外ですが。

面白い例を挙げます。アメリカにいた頃、ある多国籍企業にインタビューに行きました。テーマは「重要な意思変更」ということでしたが、最初はなかなか例が出てきませんでした。環境変化も激しいはずだし、競争も厳しいのだから、そんなにすべてうまくいくものかなと思っていたのですが、よく聞くと、課長、部長クラスであっても「変更した」という認識のないまま、別の方針やシステムに切り替わっていた例がいくつもあることがわかりました。つまり、古い、あまり有効でないと思われた営業方針や社内の仕組みは、レビューされることなく「自然死」していたのです。

この自然死という暗黙の仕組みには大きな問題が隠されています。自然死した方針や仕組みについては、みんなうまくいかなかったことはわかっています。しかし、暗黙のうちに葬り去られたため、なぜうまくいかなかったのかはわかっていません。いや、一人一人はわかっているのでしょうが、それを議論したり、会社全体の知識として共有するということはありません。

したがって、将来同じような間違いを繰り返したり、各自が同じ事実に対して全く別の選択的解釈をして、話がかみ合わない可能性が残ります。組織体制や人事制度については、昔も同じようなことをしてうまくいかず、やめて、またしばらくしてトップが替わったり、世の中の流行に合わせて同じことをやり、また失敗……という例は少なくないでしょう。

もう一つの「自然死」の問題点は、もしかしたら長生きしてしまうかもしれないことです。誰も「これは間違いだからやめよう」と言わなければ、赤字を垂れ流していようが、将来性がなかろうが、細々と続いていくことも十分あります。特に、(前)社長や創業者が始めたような事業は、みんなが駄目だと心の中ではわかっていても、無理やり良いニュースを探してきて(正当化バイアス)、何かと理屈をつけて生き残りを助けたりします。創業者が生きていたら、自分でやめたに違いないような事業でさえ、会社のシンボルだとか何とか言って、いつか誰かが何とかするだろうと先延ばしにするケースもあります。

実は、この「結果を測る」ことが非常に重要な局面でなされなかったのは、東日本大震災における東京電力福島第一原発一号機の冷却についてです。「我を忘れた」とジャーナリストをして言わしめた官邸からのさまざまな圧力や整合性のない介入の中でも特筆される海水注入中止命令に対し、同発電所の吉田昌郎所長がテレビ会議においては(東京電力)本店の指示どおりに中止命令を出したとしながら、現場では海水注入を続けることを死守した話は、官邸や本店の支離滅裂さとの好対照で、さまざまな方面で大きく取り上げられました。

しかし、NHKの取材班によれば「吉田所長の英断、海水注入で原子炉に届いた水は、ほぼゼロだった!」というのです[3]。実際には「抜け道」を通じて、横抜けしていたのです。結果として、こうした水はコンクリートを侵食し、メルトダウンを防ぐどころか、「燃料デブリ」と呼ばれる塊を作り、廃炉作業の大きな障害を作り出したのです。「一号機に海水が注入され、水位が回復してきた」と官邸は発表していたものの、本当は海水注入というアクションだけを見た憶測にすぎなかったのです。

---

(3) NHKスペシャル『メルトダウン』取材班(二〇一七)。

実際には水位計は一向に上がっていなかったことが、後のインタビューでわかっています。しかし、当時は吉田所長を中心とした関係者の極度の疲労の中で、「水位計が間違っているのでは」とか「水は入っているはずだ」ということになり、水位計を見て疑問を呈した柏崎刈羽原発の横村忠幸所長の助言も無駄になってしまいます。

結局、「測っているはず」がつもりでしかなかったということです。これだけの専門家が集まり、幾多の修羅場をくぐってきた優秀な人材も、疲労と混乱には勝てなかったということです。一般的にはここまで大変なことはないと思いますが、本当に「必要なものを必要なときに測っているのか」という基本的な質問は忘れてはなりませんし、繰り返しになりますが、どんなに優秀な人でもバイアスは知らない間に忍び寄ります。「気をつける」だけでは本当に大事なときに足をすくわれてしまいます。

テレビ会議を分析した取材班の一人が呈した次の視点は、そのあたりのところを明確に物語っていると思います(4)。

　吉田所長は、はずは絶対駄目だ、ちゃんと確認してから言え、とおっしゃっているんですけど、実は、発言数が多いからというのもあるんですが、吉田所長本人が一番「はず」をおっしゃっていました。

4 再び戦略と優先順位――Less is Better

「差別化」と「トレードオフ」を基本とする戦略とは、そもそもフォーカスがはっきりした本質を捉えるものでなくてはなりません。

しかし、現実には何が起きているか。これもやりたい、あれもやりたいというのはそうですが、仮に一つの方向性が決まっても、ああしたらいい、これも入れよう、などとその意味で少しでも関係がありそうなことは、施策としてどんどん盛り込まれるということが起こります。

それは、せっかくだからこのチャンスを逃したくないという「機会損失」を盾に取ったものもあるでしょうし、自分の部署がかかわらないと社内での地位が下がる、といった政治的なものもあるでしょう。トップとしては、多くの部門からさまざまなアイディアが出ているのだから、「全社的」に戦略を遂行できていると深く感動し、どんどんそうしたアイディアを取り上げようとも思うのでしょう。これが間違いです。

繰り返しになりますが、戦略は差別化です。差別化をするためには、差別化できるとこ

（4）前掲、二四七ページ。

ろ（通常は「強み」に関係するところ）に資源を集中投資しなくてはなりません。しかし、あれもやる、これもやるということになれば、資源は分散し「総花的」になって、何も達成できないことが起こります。

二〇一八年新春の『ウォールストリート・ジャーナル』には「How to succeed in business? Do less」という、ＢＣＧ出身で現在はカリフォルニア大学バークレー校で教鞭を執るモートン・ハンセン教授のエッセイが掲載されていました[5]。

「自分がＢＣＧに入ったとき、誰よりも長く働いた。しかし、自分より早く帰っている同僚のほうがアウトプットのレベルが高かった」ことに衝撃を受けた経緯から始まるこのエッセイでは、いかに優先順位づけをし、一つか二つの最重要項目に絞り込むことが重要かをOccam's razor（どんな分野の問題でも、最も簡明な答えが最も正解に近い）を挙げながら説明しています。

エグゼクティブトレーニングを依頼されたとき、まず用意した一五ページのパワーポイントを四ページにし、最終的に一ページにしてＣＥＯと議論した経験で彼が体験したのは、「本当に何が重要なのかを絞り込むことの大切さ」です。余裕があると、あれもこれも盛り込みたくなります。場合によっては、「自慢」や「政治」のためだけにそうすることすらあります。一見、オプションが増え、より説得力が増しそうな気はしますが、実はいろいろなアイディアを出してしまうことで、本当に重要なことに対するＣＥＯの注意が分散し、また、こちらとしても最も伝えたいと思うことがぼやけてしまうのです。

逆に言えば、「（顧客にとっての）価値」という一点に絞ってどこまでメッセージを磨きるかが、戦略の提案や議論の本質だということです。「時間があったら、もう少し短い手紙を書いたのに」と言ったのはパスカルですが、他の仕事も同じことです。

実は、私も同様のことを経験しています。これは「ノート②」でも触れましたが、MBA留学で初めて英語で議論を戦わせることになって、試行錯誤の末にたどり着いたのが、発言はするが、できるだけ短く言うことでした。少し引用します。

MBAの学生のときの経験ですが、アメリカ人、日本人を問わず、結構「いろいろしゃべっているんだけど結局何が言いたいのかわからない」発言が多いのです。頭のいいアメリカ人は、それでも何とか意味ありげにまとめることができるでしょうが、英語の苦手な日本人（つまり私）は、そんなことはとてもできませんでした。だいたいが、しゃべればしゃべるほど傷口を広げることが多かったのです。おそらく、その大きな理由は、「本当に言いたいこと」がきちんとわかってなかったのだと思います。

（5）"How to succeed in business? Do less: Top performers accept fewer tasks and then obsess over getting them right," *Wall Street Journal*, Jan. 12, 2018.

……………

ＭＢＡの後半では、まず「言いたいことは何か」を自分に問いかけ、できるだけ短い発言をするようになりました。

すでに述べたように、戦略、そしてそのための分析や情報などについても、世の中では「more is better」、つまり「多いほど良い」という考えが根強くあります。お金と同じように、情報や分析もあればあるほど良いはずだ、より良い戦略意思決定につながるはずだというものです。

これは必ずしも間違いではありませんが、完全に正しくもありません。スタンフォード大学のフェファー、サットン両教授の言葉を使えば「half-truth」で、一番ミスリーディングでたちの悪い思い込みです。なぜなら、より多くの分析や情報を求めるためには、担当部門の時間も労力もかかり、さらにはそれを解釈するのは、経営トップの注意と時間を要します。いつの間にか目的が忘れ去られたり、手段が目的化します。目的を明確にして忘れない一つの現実的な方法は、忘れる前にやる、つまり、分析に時間を取りすぎないということなのです。

その意味で孫正義氏の「物事を成し遂げるのは、足し算では駄目で、引き算でなくてはならない」というのは名言です。拙著『戦略の原点』や『リーダーの基準』でも書いたのは、「幹と枝葉を混同しない」ということです。

一見、枝葉や花はきれいで目立ちますが、それはあくまで一過性のことが多く、しっかりとした根っこと幹があっての話です。「最近の経営手法」は無視する必要はないにしても、自社の根っこと幹がきちんとわかっていなくては、役に立たないどころか、そうした流行を追いかける機会損失の分だけマイナスにすらなります。

『選択の科学』がベストセラーにもなった盲目の教授、シーナ・アイエンガー教授がKBSにいらしたときに、次のように話しておられました[6]。

選択については優先順位が重要なのは間違いない。まずあなたがしなくてはならないと思っていることを書き出し、重要度の順番をつけてほしい。優先順位づけというのは番号をつけることではない。順位をつけたら、三番目以降はすべて忘れることだ。

---

(6) この模様は、二〇一一年にNHK「コロンビア白熱教室」で放映されました。

第11章 機会損失にどう取り組むか 2
――バイアスと戦う

1 「自分のバイアスには気づかない」ことに気づく

人間と人間が作る組織はバイアスに大変弱くできています。目的を持っていたつもりが、いつの間にか手段の達成に集中したり、より重要性の高い課題よりも目の前の緊急度が高いように見える小さな課題に、知らず知らずのうちに熱中したりします。吉田所長のような海千山千のベテランですら「はずは絶対駄目だ」と言っておきながら、はずを乱発していたりするのです。

もう少し身近な例を考えてみます。経験のある方もいらっしゃるかもしれませんが、端から見るとベロベロに酔っ払っている人も、自分では真剣に「酔っていない」と言い張ることがよくあります。アルコールが入った脳がそう言わせているわけです。

同じように、成功体験を味わい、マスコミなどから持ち上げられた経営者は、「慢心していない」と自分では思っているかもしれませんが、本当のところは自分ではわかりません。これが日本経済新聞のコラムで、私がダニエル・カーネマン教授の『ファスト&スロー』を紹介したときに「酔っ払いのジレンマ」と名づけた現象です(1)。

ですから、「気をつける」や「自分に言い聞かせる」というのは、実はあまり役に立ちません。だからこそ、バイアスというのでしょう。気をつけているつもりでも、自分で駄目なことをやっているという自覚が生まれないことが問題なのですから。

こうした人間の意思決定のバイアスに関しての研究でノーベル経済学賞を受賞したカーネマン教授でさえ、「この研究によって、自分の意思決定の質が上がったかどうかわからない」とおっしゃっているくらいです。吉田所長の例を考えても、謙虚というよりは、より現実を直視していると見るべきでしょう。

一方で、カーネマン教授は自分の直感を疑うことは難しいけれど、「他人が地雷原に迷い込もうとしているときに、それを指摘するのははるかに簡単」だとも指摘されます。その意味で、人間の意思決定というのは酔っ払いと同じくらい自己完結的であり、逆に言えば、「おかしい」と指摘してくれる第三者、しかも、信頼できる誰かがいるかどうかが経営者(あるいは、その予備軍)としては、とても大切なことだと思います。

(1)「経営書を読む(四) カーネマン著『ファスト&スロー』」『日本経済新聞』二〇一五年五月五日。

そう考えてみると、成功企業の多くは創業者が二人であるのは偶然とは思われません。古くは本田宗一郎と藤沢武夫、井深大と盛田昭夫、飯田亮と戸田壽一、海外に目を転じればスティーブ・ジョブズとスティーブ・ウォズニアック、ラリー・ペイジとセルゲイ・ブリンなど、いくらでも出てきます。

多くの場合は、機能的な補完関係、たとえば「天才技術者と天才財務家」（ホンダの場合）で片づけられてしまいますが、実は「信頼できるパートナー」が必要なのは、スタートアップも大企業の経営者も同じではないかと思います。

優秀なはずのトップが暴走したりすることもあれば、実績をあげてきた中興の祖と呼ばれるような方が晩節をけがしたりすることもあります。これは、そうした人が「おかしい」のではなく、「自分では会社のことを考えている」つもりの結果なのです。

そのときに苦言を呈してくれるパートナーがいるかどうか、さらにはトップがその場では反発しても、後で「あいつがそう言ったのだから」と立ち止まれるだけの信頼があるかどうか。それは「組織における信頼とは、苦言を呈しても大丈夫だという関係」だからです。

ただし、ここで重要なのは、「苦言」とは「ブレーキ」ではないということです。企業だけではなく、政治でもスポーツの世界でも「カリスマにブレーキを」という声はときどき上がります。

端から見ればそのとおりなのですが、人間、特にリーダーになるような人が最も嫌うことは「否定される」ことです。否定されると、それが良くないとわかっていてもしがみついたり、何とか鼻を明かしてやろうと必要以上に頑張る人すらいます。

その意味で、パートナー側に必要なのはブレーキの役割ではなく、なんとなく本人も心配に思っていることを指摘したり、条件をつけたりして、外れそうになった道から元に戻すハンドルの役割なのです。(2)

ドロップボックスやAirbnbを育てたYコンビネーター(YC)というベンチャーのインキュベーター組織では、原則「創業者が一人だけのスタートアップには出資しない」というルールがあります。一人だけでは、そもそも重荷であることはもちろんですが、もう一つの理由として、「共同創業者がいないという事実そのものが、友人たちの信頼を得られなかった証拠である」からです。(3)

自分のやりたいようにやる(直感に従う)ことは快いし、他人の助言を聞くのは苦痛です。しかし、スポーツ練習の後の筋肉痛のように、痛みは自分の成長を教えてくれるシグ

(2) この点にさらにご興味のある方は、清水(二〇一六)の「論文篇」第二章「『正しい』からではなく『interesting』だから心に残る?」をご参照ください。
(3) Stross (2012).

ナルなのです。

2 組織が常に刺激を受ける仕組みを取り入れる

バイアスがすでにかかっていると、ネガティブなフィードバックを受けても、「一時的」とか「たいしたことない」と、そもそも検討もしなかったり、あるいは検討しても簡単に片づけられてしまいます。そして、本当に大変だと気づいたときには、事態は収拾のつかないほど悪化しているものです。

つまり、多くの経営者や組織は、注意をしている「つもり」で、現実には自分の見方にそぐわなかったり、経験にないデータを見落としたり、無意識に無視しているのです。これは、福島第一原発でも同じことが起こっていたのは先述のとおりです。

バイアスがかかってしまう、つまり、「酔っ払った」後に対応することが難しいとすれば、先手を打って組織、あるいは経営者として、常に異なった考え、新しい見方に触れるようにして、刺激を受け、バイアスにかかりにくい体質を作ることはできそうです。

以下では、私のこれまでの研究などを踏まえ、[4] 過去の経験による視野狭窄に陥ったり、自信過剰に陥って、大切な情報を見逃さないようにするいくつかの「仕組み」を挙げてみたいと思います。

定期的な外部取締役の登用

過去の研究では、組織の戦略転換は、経営層の交代だけでなく、取締役の交代によっても影響されることがわかっています。日本におけるコーポレートガバナンス、外部取締役の議論は、不祥事や経営監査にほぼ集中していますが、本来の外部取締役の役割は、リスクテイクを奨励することです。他企業のトップ、学者、弁護士といった経歴を持った外部取締役は、経営層に対して、効率化に走るのではなく、イノベーションを追求すべくさまざまなアドバイスを提供することが期待されているのです。

アドバイスには、当該組織にいる内部者にはわからないバイアスを指摘することもあれば、新しい見方を提供することも含まれています。第3章の分析のところでもあったように、経営の「直感」に対しての検証活動を行ったり、逆に「直感」を奨励することもあるでしょう。

ただし、外部取締役であっても、取締役在任期間が長く、取締役会のメンバーが固定さ

(4) たとえば、Shimizu (2000); Shimizu and Hitt (2004); Shimizu (2007); Shimizu(2018); 清水（二〇〇七b）; 清水（二〇〇九）。

れてしまえば、そこでも見方や考え方が固定される危険も増えます。収入的にも結構おいしい仕事だとすれば、トップのご機嫌を損ねたくないといった政治的な意図が生まれてもおかしくはありません。

頻繁な取締役交代は、組織や事業に関する習熟、継続性という意味でマイナスや非効率はありますが、「そもそもの目的」は社外取締役を入れるとか、何人入れるということではないことを考えれば、常に「新しい見方」を取締役会に取り入れるルール、つまり外部取締役の任期を決める必要はありそうです。

アメリカでは、たとえばスティーブ・ジョブズ氏がアップルに戻ってきたとき、そして、また最近のGEでも、業績が大幅に悪くなったときに取締役の大幅入れ替えが起こりましたが、そうなる前にやっておくべきだったと思うのです。短期の機会損失を嫌って、大きな問題を未然に防ぐチャンスを逸してはならないのです。

アライアンスの活用

今日、他企業とのアライアンス（提携、合弁）はM＆Aと同様、重要な戦略の一つです。通常、アライアンスは海外進出や新規事業といった未経験分野への進出のための戦略オプションとして位置づけられることが多いですが、他企業とさまざまなやり取りをしたり、協働したりする経験を通じて、自社の文化や見方を見直し、戦略的柔軟性を強化する面でも大きな価値があります。

まず、他企業とのやり取りを通じて、自社にないさまざまな見方や考え方を知ることができます。通常、こうした違い（特に企業文化の違い）はアライアンス上の問題点として取り上げられることが多いのですが、実はこうした違いこそ、自社のみでは決して獲得できない重要な資源なのです。自社では当然と思われていたことがそうでなかったり、あるいは全く考えてもみなかったアイディアを、他企業とパートナーを組むことで得ることができます。

そしてもう一つは、こうした見方や考え方の違いを生かし、より効果的な戦略や組織運営を考えるという経験を通じて、社内でさまざまな意見の交換を奨励し、また生かしていくノウハウを身につけることができる可能性も広がります。「企業文化が合わないから、提携をしても意味がない」場合は当然ありますが、「企業文化が合わないからこそ、提携する意味がある」ことも知るべきです。「目的が明確」であれば、アライアンスはさまざまな使い道があります。

私は以前、大手商社と金融機関の「合同幹部研修」をコーディネートしたことがありましたが、それぞれ非常に喜ばれました。負荷のかかった場面では、それぞれの「地」が出ます。アクション・オリエンテッドな前者と、リスク精査が得意な後者の文化が議論の中で必ず対立するのですが、それが新たな気づきを与えてくれることが多かったようです。

「当社の常識、社会の非常識」などと、自嘲気味に言われることがありますが、なかなかそうしたことを「実感」できる機会はありません。結果として、自社のおかしなやり方や慣習も、都市伝説と思い込み、何も手が打たれずに、視野狭窄がますます進むことは少なくないのです。

ゼロベースでの見直し

立案当時はどんなに優れたルールであっても、環境が変わり、技術が変わり、そして目的が変われば、陳腐化したり非効率化するのは定めです。ルールを見直すという話は、社内でよく出ると思いますが、「今のルールをどうしたら良くできるか」が議題になり、「今のルールをすべて忘れて、ゼロから作るとしたらどのようにすべきか」というそもそも論にならないことが多くないでしょうか。

これもまた、本来の目的がどこかに忘れられた「手段の目的化」の良い（悪い？）例です。結果として、既得権益や組織のしがらみによって、屋上屋を重ねたり、名前が変わっただけ、ということも多いようです。

ルール自体に罪はありません。陳腐化したり、目的化するのが問題なのです。とすれば、定期的に「本来の目的」を問いかけ、ゼロベースで見直す仕組みを前もって決めておくことで弊害は最小化できるでしょう。

第5章で触れたように、インテルのゴードン・ムーアとアンディ・グローブが事業の撤退やトップ人事の見直しを決めるときに、「もし新しいCEOだったら」や「もしこれから参入（あるいは採用）するのだったら」という視点を持っていたことは有名です。

また、テキサス・インスツルメンツから始まった「ゼロベースでの予算づくり（zero-based budgeting）」は二〇〇八年にバドワイザーのアンハイザー・ブッシュ、二〇一三年にハインツなどを買収した3Gキャピタル・パートナーズが取り入れて大きな効果をあげ、コカ・コーラやキャンベルなども採用し始めています。

意思決定の過程で故意に反対意見を検討する

さまざまな視点から戦略やプロジェクトを評価するためには、個人よりもチームとしてさまざまな可能性を議論し、結果を評価することが望ましいことはもちろんです。「三人寄れば文殊の知恵」です。

しかし、チームで意思決定をすれば必ず良いとは限らないという研究もまたたくさんあります。たとえば、有名な「グループシンク」がそうです。これは、エール大学教授で心理学者であったアーヴィン・ジャニスがケネディ政権のキューバ侵攻計画（一九六一年）、朝鮮戦争（一九五〇年）、真珠湾攻撃（一九四一年）を題材に、グループ意思決定の問題点を考察した著書 *Victims of Groupthink* からきています。

ジャニスは、グループシンクを「一体感の高いグループに深くかかわったため、グループの和のために施策の現実的な評価を犠牲にすること」と定義します[5]。あれだけ優れたスタッフがついていたにもかかわらず、ジョン・F・ケネディが中途半端なキューバ侵攻を認め、歴史に残る大失敗をした原因は、このグループシンクにあったと指摘するのです。

チームの和を重んじて、本来個人の持つ多様な意見が自由に交換されないと、個人で行うよりも悪い決定になることが指摘されています。最近流行りの「ダイバーシティ」でも同じですが、三人寄ったから、女性や外国人が入ったから「自動的」にいろいろな意見が率直に出て、意思決定の質が高まるのではありません。

多くの人が経験されているように、通常はむしろ逆です。第3章ではチャレンジャー号の例、第4章ではエレベーターでの実験、ニューヨークのマンハッタンの銃声の例を挙げましたが、たくさんいるから誰かが言ってくれるだろう、自分は例外かもしれないから、あるいは和を乱したくないなど、さまざまな理由で自重あるいは保身の結果、議論が停滞することは少なくありません。

チーム、特に多様な人材で構成されたチームは、さまざまな意見が出る必要条件かもしれませんが、十分条件ではないのです。わかっていながら「手段の目的化」が進むのは、「目に見える」効果に引っ張られるからでしょう。

十分条件、つまり、グループシンクに陥らないようにして、チームのメリットを最大化するためには、後述のように「率直な議論」が不可欠です。より短期的な一つの方法は、故意に主流的な意見とは反対の意見をチームの中での議論に持ち込む（Devil's advocate）ことです。反対役を出席者の何名かが演じることで、戦略の代替案、結果などをさまざまな視点から、より総合的に評価することができるでしょう。特に過去の成功体験で、自信過剰になりがちな組織にとって価値は高いと思います。

ただし、トップがDevil's advocateを本当に有効に使うためには、自分の姿勢、そして組織文化についても注意を払わなくてはなりません。自らが批判を甘んじて受ける姿勢がなければ、Devil's advocateといっても形式だけで終わる可能性が高いでしょう（これも「手段の目的化」です）。

イギリス元首相のウィンストン・チャーチルは、部下が自分を怖がっていることをよく知っており、そもそも悪い情報は上がってきにくいと考えて、「悪い情報を集める専任部署」を置いたことで有名です。

死亡前死因分析

自信過剰による失敗を最小化するための手法として、ダニエル・カーネマン教授は

(5) Janis (1972) p.9.

『ファスト&スロー』の中で「死亡前死因分析（premortem）」を挙げています。[6]

今が一年後だと想像してください。私たちは先ほど決めた計画を実行しました。すると、大失敗に終わりました。どんなふうに失敗したのか、五〜一〇分でその経過を簡単にまとめてください。

こうした問いを考える場を設定することによって、計画が進むとなかなか反対意見を言えなくなる（言うと、会社や上司に対する忠誠心を疑われたりする）グループシンクを打ち破り、自由な意見交換がしやすくなります（結果として、個人よりもグループのほうがより過激に自信過剰になることも多いことが報告されています）。

自分を知ることは一人ではできないと言いましたが、このアイディアが、カーネマン教授の「敵対的な共同研究者」であるゲイリー・クライン氏から提唱されたというのも何か示唆的です。

3

組織における率直さ

普段からさまざまな意見、特に失敗情報や批判的な意見が率直に交換、コミュニケーションできる組織文化であれば、Devil's advocate を待つまでもなく、意思決定にしても、あるいは、その事後評価（ＰＤＣＡ）にしても、さまざまな角度からより客観的な評価が期待できます。

第4章でアマゾンの例を挙げましたが、何かが起こってから騒ぐのではなく、率直な意見を言い合えるかどうかは、経営トップが普段から注意を払わなければならない重要事項です。戦略評価の時点で企業文化だ、コミュニケーションだといっても実は手遅れであることが多いのです。

『フォーチュン』で「二〇世紀最高の経営者」に選ばれたＧＥの元ＣＥＯジャック・ウェルチ氏が書いた『ウィニング 勝利の経営』を私がすごいと思うのは、多くの経営書では、ミッションやビジョン、あるいは戦略とはといったあまり面白くない話で何十ペー

（6）カーネマン（二〇一四）下巻、六七ページ。

ジも使うのですが、いきなり第2章で「率直さ（candor）」が出てくるところです。

それぐらいウェルチ氏が「率直さ」が重要であると考えているのです。彼がCEOであった二〇年間にいろいろなことをやっていますが、それが企業価値を四〇倍にした大きな理由の一つであることは間違いありません。

ウェルチ氏は「講演などで『会社から正直なフィードバックをもらっていると思う人は手を挙げてください』と聞くと、せいぜい一〇％の人しか手を挙げない」と言います。企業の予算編成では、事業部が低めの要求をすることを想定して本社は「高め」の数字を出し、事業部は本社の高めの要求を想定して「低め」の数字を出す。足して二で割るその中間で予算が決まってそれぞれが満足する……。

ウェルチ氏はこうした「交渉による示談アプローチ」や、みんな仲良く「作り笑いアプローチ」をして、結局本当のことは何も共有できていない状況を「実に非生産的な組織行動」と指摘します。

「率直に意見を交わす」ことの大切さはわかっていても、それができない理由として、「本当のことを言って、相手の気持ちを損ねたら困る」とか「チームプレーヤーでないと思われてしまう」、つまり、「率直であることは人間の本性に反する」のです。

つまり、単に「率直になれ」とか「言いたいことを何でも言う風通しの良い組織を作ろう」と言っても簡単にはできないということです。組織をいじったり、「コミュニケーション推進運動」のようなもので、すぐ組織の風通しが良くなる、と勘違いをしていると思われる企業幹部をときどき見かけます。

おそらく、もう一つあるのは、「コミュニケーション」に対する間違った思い込みでしょう。第9章では「コミュニケーション・ピラミッド」を示しましたが、コミュニケーションとは、情報を発信することではありません。発信した「情報」と、なぜその情報を発信したかという「意図」を受け手と共有することです。

つまり、コミュニケーションの成否は、受け手側(会社でいえば、多くの場合は部下)がどう受け取るのかにかかっているのです。それにもかかわらず、言ったのだから、メールを送ったのだから、「わかっているはずだ」と思っていることがないでしょうか。

関連して面白い調査があります。二〇〇八年に日経ビジネスオンラインに掲載されていたあるアンケートによれば、七四八人の回答者のうち約七割が「職場に苦手な上司がいる」と答え(過去に「いた」という回答者を含めれば九割近く)、その理由として「指導力がない」に続き、「人の話を聞かない」と「意見交換ができない」が挙げられています。

逆に、「職場に苦手な部下がいる」かどうかを二六一人の管理職に聞いたところ、同じように約七割が「いる」と答え、その理由は判で押したように、「言い訳をする」「言われたことしかしない」「人の話を聞かない」です。

要は、「あの上司は、自分の言っていることをわかってくれない」「あの部下は、自分の言っていることを理解していない」と言い合っているのです。アメリカでも、たとえば上司の八六％が「自分はコミュニケーションがうまい」と考えているのに対し、認めている部下は、たった一七％という報告があります。

「率直さ」と「本当のコミュニケーション」を組織に根づかせるのは簡単ではありません。ウェルチ氏を語るときによく出てくる「業界で一位か二位でなければ撤退する」と同じくらい有名なコンセプトが「バイタリティカーブ」です。これは「率直な人事評価・選別」の仕組みで、大雑把に言えばAが二〇％、Bが七〇％、Cが一〇％評価で、C評価が連続二回ついたらクビになるというものです。

ここで重要なのが、やはり「率直さ」で、昨日まで「頑張っている」と言われていたのに、評価の日になったらCがついているのでは、社員は納得するわけはありません。普段から率直なフィードバックをしておけば、不意打ちはなくなるのです。

実は、この「バイタリティカーブ」が、GEが優秀な人材を輩出する秘密だと、フォードをはじめ「C評価が二回ついたらクビ」のところだけを真似する企業は結構ありました。しかし、たとえばフォードでは単に高齢者や女性をレイオフするための差別の仕組みだと訴えられ、これをやめています。どこかの国の「能力主義ブーム」を彷彿とさせます。結局、人事の仕組みの根底にあるのは透明性と率直性なのです。

ウェルチ氏でさえ、「選別は短期間には実践できないし、してはならないものだと強調したい。選別を可能とする前提となる率直さや信頼を植えつけるのに、GEでは一〇年の歳月をかけ」ており、二〇年経っても「誰もが率直、というにはほど遠い」と言うほどです。これは地道にやるしかないと思います。

第1章の3Cのところでも申し上げたとおり、経営の第一歩は「現状を正しく知る」ことです。「競争相手のことなんかどうでもいい。社内でコミュニケーションが取れないことのほうが、よっぽど恐ろしい敵だ」とウェルチ氏は言うのです。

第12章 機会損失にどう取り組むか 3

——実行する

1 決定が実行されない三つの理由

意思決定は「出発点」にすぎません。決めただけでは何も起こらないのです。せっかく（大量の時間と資源をかけて）決めたのに、それが実行されなければ、機会損失は膨大です。

しかし実際には、その「決めたはず」や「決めただけ」ということが意外に多いのではないかと思います。「やる」と決まったプロジェクトが何カ月も棚ざらしになっていたり、新しいルールが決まったのに誰も守っていない、場合によっては知らなかったりということが、身の回りにないでしょうか。

顧客情報の共有化を決めてシステムまで作ったのに、個人で溜め込んでいたり、プロセスを評価しようと人事制度を変えたのに、結局、業績の良い人ほどプロセスも良い評価になっている、といったことです。

これは「個人」の問題ではありません。決められたことが実行されていないというだけでなく、実行されないことが「許されている」という組織の問題です。本章では、そうした意思決定が実行されない組織の三つの原因を考えてみます。

決定の目的化

経営の意思決定は大変重要で、かつ難しい仕事です。ですから、そうした決定を行う経営会議とか役員会議では、さまざまな分析がなされ、多くの資料が用意されているはずです。そして、そうした会議が重要であればあるほど、いつの間にか「決めること」がすべてのゴールになってしまうこともあるようです。社長からいろいろ質問され、他の担当役員からいじめられ、なんとかOKが出た。よし、やっと終わった……ということにはなっていないでしょうか。

実際の会議、そして意思決定と、その実行を含めた経営の最終責任者である社長ですら、「よし、やっと決まった。後はやるだけだ」と、一息ついて、傍観者の立場になったりしていないでしょうか。

そうしたことが象徴的に現れているのが、中期経営計画（名前はともかく、その手の計画）ではないかと思います。経営企画担当部署が、何カ月もかけて、さまざまな部署から資料を取り寄せ、作り上げ、経営会議にも何度も上げられてやっと承認される。

社長は「なかなか良い」と言うのですが、それは「堂々としている」「夢がある」「アナリストに受けそうだ」という意味で、必ずしも「当社の戦略を明確に反映している」「これからの課題を鮮明に示している」「社員とこれでいろいろな話ができる」という意味ではありません。

そして、担当部署では、「やっと終わった。一休みしたら、次の計画に取り組むぞ」といった具合で、「中期計画作り」が最終的な目的になっているケースをよく見かけます。

繰り返しになりますが、意思決定は出発点です。出発してから一、二キロで一息ついているようなランナーが、マラソンで勝ったということは聞いたことがありません。良い出発をできたことは喜ぶべきなのですが、「始まりの終わりにすぎない」ことを忘れてしまえば、「決めたはず」の重要事項は経営陣の脳裏からは消え、結果として、それを見ている部下が「たいして重要なことではないのか」と解釈し、後回しにしたり、そのまま棚ざらしにしても不思議なことではないでしょう。

経営と現場との認識ギャップ

「決めたはず」の戦略や重要な案件が実行されないもう一つの大きな理由は、経営と現場とのギャップにあります。もっと言えば、経営トップの考えていることと、現場で考えていることが、同じような言葉を使っていながら全く違うという場合です。

これには二つの原因があるでしょう。一つは経営トップとして天守閣で会社や競合のことを考えている経営層と、現場で顧客に頭を下げ、競合と白兵戦を繰り広げる社員とでは、見えるものも、感じることも、そして感じる度合いもずいぶん違うはずです。

「今年は〇〇に力を入れていこう！」「オウ！」となったとき、いったい「力を入れていく」とはどういうことなのか、他の商品はどうするのか、競合が対抗してきたときにどうするのか。実は、あまりにも多くの重要な問題は、「現場任せ」や「個人の創意工夫次第」になっていることが多いものです。

もう一つは、経営層と現場が「コミュニケーション」できていないのです。同じ（はずの）決定を見ても、別の解釈をし、その解釈の違いと責任の所在の追及に汲々としてしまって、肝心の実行まで手が回りません。

実際は、立場によって見方が違うのは当然で、だからこそコミュニケーションが必要であるにもかかわらず、「コミュニケーションをしたはずなのに、全然わかっていない」と経営層も現場も双方で思っているとしたら、問題が改善されることはまずありません。

これは経営層と現場だけではなく、部門をまたぐコミュニケーションでも同じことが言えます。「話すと抵抗される」「あいつらにはどうせわかってもらえない」と「効率」を重視したつもりでコミュニケーションをなおざりにした結果、後で取り返しのつかない誤解が発見されたり、実行の成果があがらなかったということはずいぶんありそうです。

『マッキンゼーをつくった男 マービン・バウワー』は、コンサルティング大手マッキンゼーの中興の祖を描いた本です。コンサルティングというと、分析や思考力というイメージが強いのですが、私はバウワーが、大企業に比べて規模も小さく、階層も少ないはずのマッキンゼーでどれだけコミュニケーションを重視し、しつこいくらいに会社の理念や規範を伝えていたのかということに驚かされます。そのコミュニケーションにはファームが人材不足のときに規範を犯した有能なマネジャーを即解雇したことも含まれます。彼は言います。

……規範を守るのに犠牲を払う気がないなら、決して規範は守れない。

忙しい!

社内でも社外でも、問合せや依頼のメールで「お忙しいところ恐れ入りますが」という書き出しをよく見ます。最近は人手不足もあって企業がコスト削減を進め、逆に「サービス残業」は厳しく取り締まられ、個人情報保護法などもでき、少なくなった人間の限られた時間で、より多くの業務をこなさなければならない圧力は高まる一方です。

こういう状況では、新しいことが決まったからやってくれ、これからこのようにするとトップから下りてきても、「ちょっと待ってください」ということになります。目の前にこれだけの仕事があってとても片づきません。

トップが「仕方がない」ということになれば、現場も「その程度のものか」とあまり注意を払わず、上司もまた別のことに追われ、せっかく決まった案件も去るものは日々に疎し……となることでしょう。

「忙しい」とは葵の印籠にもなりますが、一方で「多忙は怠惰の隠れみのである」とも言われます。第6章で柴田昌治氏の指摘する「社員が考えなくなる理由」に触れましたが、目の前に並んだ仕事を次々とこなしていくことは、それなりに達成感がありますし、周りの人にも「忙しい」と胸を張ることができます。

しかし、もしかしたら「目立つものに気を取られている」だけかもしれません。第9章では「緊急性」と「重要性」を軸にしたマトリックスを紹介しましたが（図表9－1参照）、忙しいことのほとんどは「緊急性」は高くても、「重要性」は低いことが多いのです。

つまり、「重要性」を考えることなく（怠惰に）やれることだけをこなす結果、問題の根本にたどり着けず、ますます仕事が増えるのです。結核で咳が出ているのに、咳止めを飲んでその場をしのごうとして、ますます病状が悪化するのと同じです。よくイソップ童話から引用される木こりの話を思い出します。

通りがかり「精が出るね」
木こり「まあね」
通りがかり「ずいぶん疲れてるようだけど、どのくらいやっているの」
木こり「五時間くらいかな。やんなっちゃうくらい大変なんだ」
通りがかり「ちょっと休んで、のこぎりを研いだらどうかな。そのほうが早く終わると思うけど」
木こり「そんなことをしてる暇ないよ。忙しいんだ」

これと関連する話で、第2章では「問題を未然に防いでもあまり信頼されない」問題も取り上げました。要は、組織の中では「目立つこと＝問題解決」が注目を集め、そもそも問題にならないように考えたり、手を打つことは評価の対象にもなりにくいということです。

結果として、根本的な仕組みや組織力を上げることではなく、目の前の問題をできるだけ早く、つまり（同じことを）「もっと一生懸命長時間やる」ことで解決することが優先されるのです。野球で言えばエラーをしないようにスキルを上げるのではなく、エラーをした後に素早く動く練習をしているようなものです。

すでにおわかりのように、これは悪循環です。現場が「忙しい」と言い、それを「それでは仕方がない」としている限り、忙しさは増すばかりですし、新しい試みは棚ざらしのままで忘れられていくばかりです。

こうして、社内に忙しい木こりばかりが増え、のこぎりを研ぐために用意されたはずの新しい案は道端に野ざらしになり、そのうちに忘れ去られていくのです。

2

一番ピンは何か？——重要性の高い課題から取り組んではいけない

MBAという言葉がタイトルに付いた本を読んだことがある方なら、MECEと聞いてピンとくると思います。正確に言えば、「Mutually Exclusive, Collectively Exhaustive」、つまり「漏れなく、だぶりなく」ということで、分析の基本中の基本です。

分析とは腑分けをすることですから、できるだけMECEに、大きな課題も手を打てる単位にまで落とし込むことが大切です。漏れがあれば、機会損失が生まれたり、本当に重要な手が打たれなかったりしますし、だぶっていれば効率が落ちます。そのために、たとえばピラミッドチャートだとか、魚の骨図分析だとか、世の中にはさまざまな手法があります。

MECEが大切なことはもちろんですが、ときどき何のためのMECEですか、と思わざるをえない分析もあります。分析はあくまで手段であり、目的ではありません。

そして、もう一つ大事なことは、「MECE=優先順位づけ」とはならないことです。実際、たとえば齋藤嘉則氏の『問題解決プロフェッショナル「思考と技術」』では、「MECEで捉え、最後に優先順位を付けているか?」と指摘しているほどです。しかし、問題はどう優先順位をつけるのかということで、「忘れるな」とだけ言われても困ります。

すでに議論してきたように、優先順位は目的によって決まります。問題解決、たとえば業績の悪化、社員の離反などの問題を考えた場合、まずMECEで要因を分解するのですが、それだけでは三〇点です。組織の問題はMECEで分けたとしても、一つ一つが独立であることはほとんどありません。

たとえば、理屈としては「利益=売上−コスト」ですが、売上とコストは当然のことながら独立ではありません。それがわからずにMECEで分解された一つ一つの小さな課題・要因を個別に解決しようとすれば、そもそも資源が足りませんし、一つは解決されても、また別の要因に副作用(例:コストを下げた結果売上も下がる)が出たりします。

したがって、優先順位を考えるためには、要因間の関係、つまり全体の構造を考えなくてはなりません。悪循環だったり、好循環だったり、いろいろな構造が考えられます(たとえば、ピーター・センゲ教授の本などで指摘されるシステム思考は、同じような考え方です)。そうした中で、どれが一番根っこにあるかを考えることで、問題の表層ではなく本質を理解できます。

なるほど、最も重要な原因の優先順位が高いのだから、そこに資源を集中すればよいのか……とは、実はなりません。そのように書いてある本もあるとは思いますが、ここまではおそらく五〇点くらいで、まだまだ合格点には至りません。

なぜなら、実際に組織で重要な問題を考えると、非常に根深くて難しい問題、たとえば企業文化などが上がってくるのです。確かに企業文化が変われば、さまざまな問題は一挙に解決できるでしょうが、何十年もかかって蓄積されたものが、そう簡単に変わるでしょうか？

多くの企業変革の試みは、こうした「重要な問題」を正面から解決しようとして、刀折れ矢尽きて失敗するのです。

野村克也氏をはじめ、有名人の座右の銘として、「心が変われば行動が変わる。行動が変われば習慣が変わる。習慣が変われば人格が変わる。人格が変われば運命が変わる」といったフレーズをときどき耳にします。これを踏まえてか、同じように「企業変革はまず社員の考え方を変えることだ」とおっしゃる方がいます。

こうした言葉自体を否定するものではありませんが、現実には、これはほぼ嘘ではないかと思います。社員の考え方が変われば、組織改革はほぼ終わったも同じであり、それをどう実現するかこそが組織変革の要諦にほかならないからです。そして、「まず考え方」

というのは、人の心や考え方を変えるということが、どれほど難しいかという点を全く理解していない絵空事であるとしか思えません。

実際には、まず行動から変えていくことが、より効果的・現実的です。心理学の大家レオン・フェスティンガーのコグニティブ・ディソナンス（認識の不整合）理論は、このことを学術的に証明しています。(1) 二つの相反する心理状態を経験したとき、人間は心の中でその不整合を解消しようとします。つまり、もし心にもないことを言ったり、行動してしまったとき、その行動によって、逆に心理状態（態度）が変わりうるということです。

具体的な例を挙げてみましょう。フェスティンガーらの古典的な実験（一九五七年）では、スタンフォード大学の学生に大変つまらない仕事をやってもらいました。

一つのグループは、仕事の後に一ドル支払われ、待っている他の生徒に「仕事は面白い」と伝えました。もう一つのグループは、仕事の後に二〇ドル支払われ、同様に待っている生徒に「仕事は面白い」と伝えました。

それぞれのグループの学生に「本当に仕事は面白かったか？」のアンケートに答えてもらうと、一ドルを支払われたグループの学生のほうが二〇ドルを支払われた学生よりも、はるかに「面白い」と答えたのです。

つまり、「仕事はつまらない」という心理と、「たった一ドルで仕事は面白いと（嘘を）言ってしまった」という心理の葛藤が、「いや、仕事は面白いんだ」と自分を納得させる態度変化に伝わったのです。一方で、二〇ドルをもらった生徒たちは、「二〇ドルもらったんだから、嘘をついても当然だ」となったのでしょう。

やる気だ、動機づけだと言っているよりも、やってみた(やらせてみた)ほうが早いのです。行動をする中で「事前の思い込み」を変えるのです。心理学の実験では、「割り箸をくわえて(つまり、口角を上げて笑った表情を無理やり作って)漫画を読むと、そうでない人に比べて、より面白かったと思う」という結果が出ています。

窮地に陥ると、まず「ニヤッと笑う」ことから余裕を取り戻し、いくつもの死地をくぐり抜けてきた、鬼平こと火付盗賊改方の長谷川平蔵も、このセオリーを体験を通じて知っていたのではないでしょうか。

「まず考え方」なんて言っているうちに、さっさと行動したほうがよいのです。「形から入る」ほうが、実は効果的であることは多いのです。特に「行動」は、言い訳ができません。ユニ・チャーム取締役副社長執行役員の二神軍平氏が書かれた本には、次のように「数字管理」ではなく、「行動管理」の重要性を指摘しています。(2)

---

(1) Festinger (1957).

(2) 二神(二〇〇九)五八ページ。

三割バッターになれなかった言い訳は、「ピッチャーが良かった」「相手チームの守備が素晴らしくてヒット性の当たりを捕球された」などと、いくらでもできます。しかし、毎日一〇〇回の素振りが実行できなかったとなれば、それは当人の怠慢でしかないので、言い訳はできません。

その意味で、合格点を取るには、①MECE、②構造化を踏まえたうえで、現実に有効な施策、つまり、③「どこから手をつけるか」の三つが明確になっていなくてはなりません。

もちろん、「どこから手をつけるか」は、「やりやすいことだけやればよい」ということではありません。優先順位がついた本丸に対して、まずこうして、次にはこうなってという明確なシナリオを持つことです。

この点は、資源に限りがある中小企業はもちろん、大手であっても強力なライバル（例：アマゾン）と戦う場合は必須です。少し別の角度から、マツダの人見光夫氏はそうした発想を「ヘッドピン（一番ピン）」という言葉に凝縮させています。(3)

たった三〇人で（経営危機に対して）何ができるか――そこで考えたのが「選択と集中」である。もっとも、私たちの選択と集中は、世間で考えられているような多くの課題の中から何かを捨ててどれかを選んで集中するというものではなく、仕事の対象となる多くの課題のうちに主要な共通課題と言えるものを見つけ出し、そこに集中するというものである。一つ一つの課題に対応していたら、人手もお金も全く足りない。

そこで、これを解決すれば他の課題も連鎖的に解決される、というような主要課題を探したのである。ボウリングでたとえるなら、これに当てれば連鎖的に残りのピンも倒れるヘッドピン（一番ピン）を見つけ、それに当てることに集中するということである。

実行の三要素
①MECE
②構造化
③どこから手をつけるか？

(3) 人見（二〇一五）一一ページ。

3 シグナルと機会損失

実行に関する機会損失を考えるキーワードとして、（顧客、社員を含めたステークホルダーへの）「シグナル」があります。ここでは、主に顧客に向けた、①直接的なシグナルそのものについてだけでなく、②当該対象に向けたシグナルが、それ以外のステークホルダーにどう理解されるか（間接的なシグナル）、という二つのシグナリング効果と機会損失について考えてみます。

直接的なシグナル

一般によく言われるのは、「良い技術を持っているのに、成功しない」とか、「良い商品を開発したのに売れない」という文脈の中で、顧客に良さが伝わらないという直接のシグナルの問題です。

商品という目の前にあるものを良くすることは得意でも、その商品が顧客に対してどのような有形、そして、無形の価値を提供できるのかという点に関しては非常に弱いことが少なくありません。自分がどのようなシグナルを発しており、それがどのように受け止められているのかがわからないのです。

図表12-1 日米大手自動車メーカーの売上高営業利益率の推移

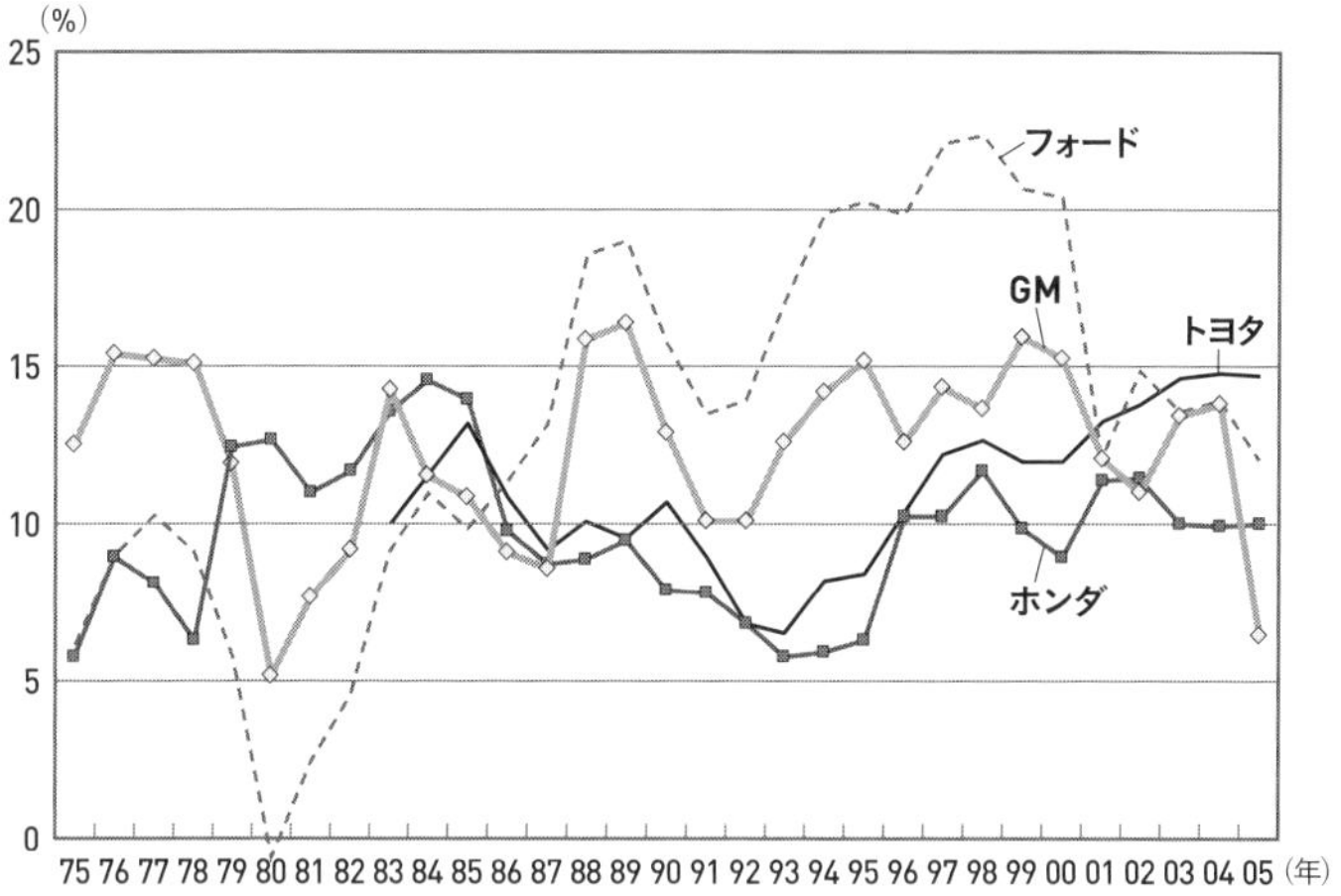

出所：清水(2007b) p.43。

こうした点は、しばしば「値づけ」に現れます。どれだけの価値を提供できているのかがわからなければ、どうしても弱気になります。仮に、頑張って高くつけても、売れなければ、より的確で価値を顧客に理解してもらえるマーケティングを展開せずに、「高すぎた」と、すぐに値段を下げるようなことが起きます。

少し前に日本の自動車メーカーの利益率の違いを調べたことがあります。[4] 図表12-1は、日米大手自動車四社(GM、フォード、トヨタ、ホンダ)の、一九七五~二〇〇五年の売上高営業利益率の推移を追ったものです。

GMとフォードは、ご承知のように、一九七〇年代後半の第二次オイルショック時に、燃費の良い小型車を持たなかったことから、急速に

(4) 清水(二〇〇七b)。

業績を悪化させました。しかし、その後は持ち直し、一九八〇年代半ばから二〇〇〇年までの約一五年間、日本車がどんどんシェアを伸ばしている報道とは裏腹に、一貫してトヨタ、ホンダよりもかなり高い営業利益率を維持していたのは驚きではないでしょうか（その後、再び業績は悪化していますが）。

過去一五年間にもわたる利益率の違いは、「GMとフォードは、短期的な利益のために長期的な投資を怠った」という単純な解釈では説明できそうにありません。利益率の差が、R&D（研究開発）投資の差、あるいは、社員や役員に高い給料を支払っているというようなことからわかりますが、報酬の高さは、むしろアメリカ企業のほうが上でしょうし、R&Dという点でも、規模の比較的小さいホンダの頑張りがやや目立つくらいで、それほど大きな差は見られません。トヨタのデータはあまり取れていませんが、集めた限りのデータ（二〇〇五年まで）を見ると、売上高R&D費率はフォードより低いくらいです（図表12-2）。

自動車産業を中心にした製造業の研究で知られる東京大学の藤本隆宏教授は、一九八〇～九〇年代の日本の自動車メーカーについて、製造コストや品質といった強力な「深層の競争力」を保持していた一方で、海外、特に欧州メーカーに比べてブランド力が弱く、販売生産性も低かったため、収益性が低かったと断じています[5]。

誤解を恐れずに単純化すれば、顧客とのコミュニケーションが弱く、せっかくの良さを十分伝えきれない、結果として正当な対価を得ることができなかったのだと思います。そ

図表12-2 日米大手自動車メーカーの売上高R&D費率の推移

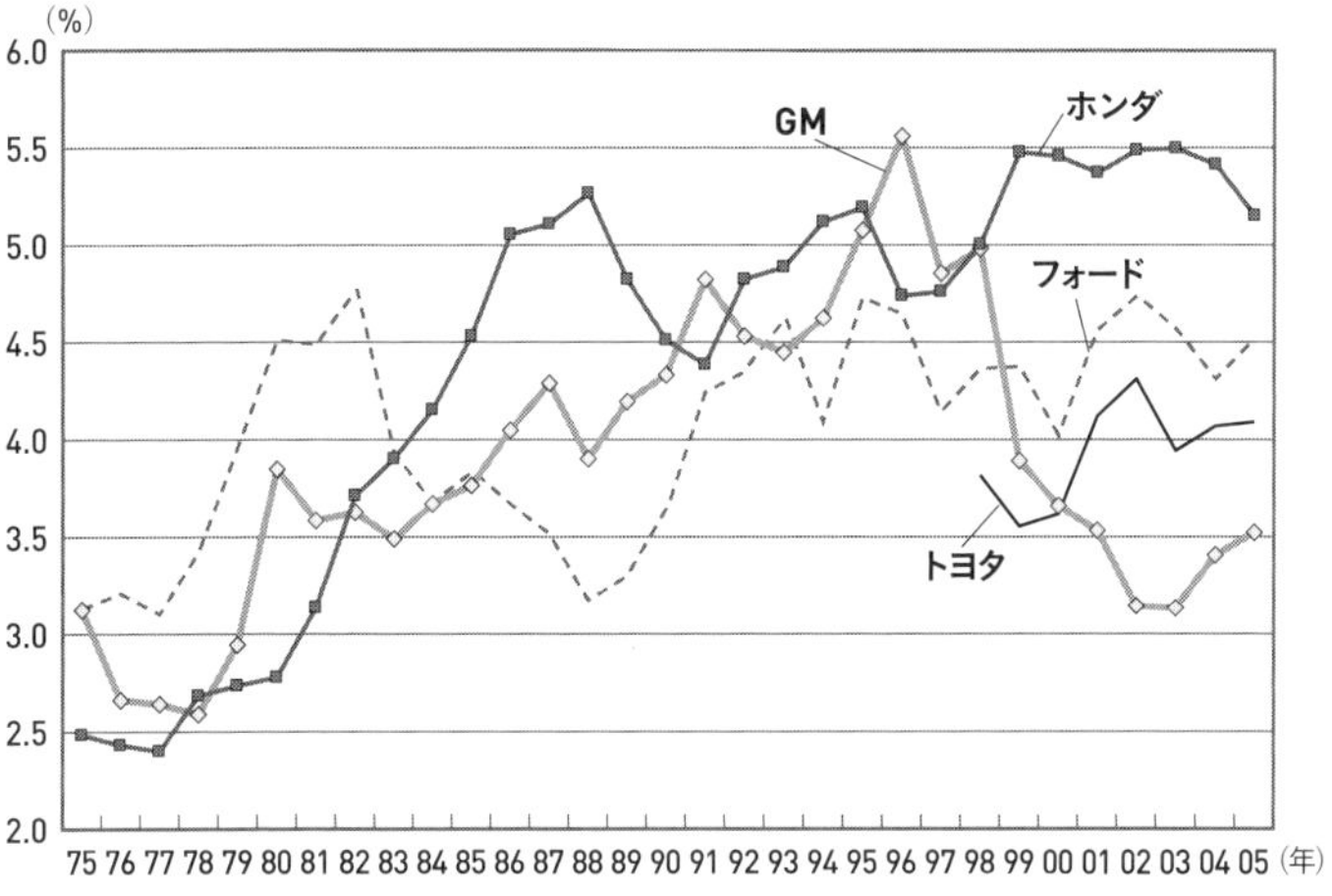

出所：清水（2007b）p.46。

して、欧米に比べ、いわゆる「ブランド品」が少ない日本企業の現状を考えれば、これは自動車メーカーだけの問題ではないと思うのです。

つまり、的確なシグナルと値づけが機会損失を最小化する大きな鍵を握るのです。第1章では、顧客に選ばれるためには「差別化」が重要であるという議論をしました。ただし、この「差別化」は必要条件です。本当に顧客に選ばれるためには、顧客が「差別化」をわかっていなくてはならないのです。第6章でも触れましたが、そのためには「伝える」のではなく「伝わる」シグナルを出さなくてはならないのです。

間接的なシグナル

もう一つ、同じくらい重要でありながら「見

(5) 藤本（二〇〇三）。

えない」ために十分な注意が払われていないと思うのは、間接的なシグナル、つまり直接の対象以外のステークホルダーにどう見られ、解釈されるかという問題です。

それを考えていないと良かれと思ってした言動が間違ったシグナルを送ることになり、チャンスを失ったり、あるいは誤解を解くためにさらに本来使わなくてもよい資源を使うことになり、多くの機会損失が発生します。

たとえば「誰にでも間違いはある」というのは、よく聞くフレーズです。テストにせよ、仕事にせよ、あるいは車の運転にせよ、よほど慎重な人でも間違えたり、ミスしてしまったりすることはあるでしょう。だから、厳しく罰することは良くない、次のチャンスを与えるべきだという意見が多いのでしょう。

しかし、経営者あるいは上司として考えなくてはならないのは、「ミス」や「ルール違反」を大目に見ることが、その本人だけではなく、その他の社員あるいは顧客にどのような「シグナル」を送っているかということです。

たとえば、どこの会社にも時間にルーズな社員はいるでしょう。他の社員に対しては「時間厳守」を求め、しかし「彼は営業成績が良い」からといって一部例外を作れば、「成績が良ければ、時間を守らなくてもよい」と言っているのと同じです。そして、そのシグナルは「成績が良ければ、何をしてもよい」と拡大解釈されても不思議ではありません。

このような場面はいくらでもあります。上司は当人の家族問題をわかっており、それを斟酌《しんしゃく》して寛大な措置を取ったとしても、周りは単純に、「あの人は上司に好かれているから」と受け取るかもしれません。そうした場面で経営者が言う「良かれと思った」は、実は、「私は何も考えていませんでした」と同義です。

別のよく聞く話として、社長がポツリと言った言葉に周りが大きく反応することがあります。まさに「忖度問題」です。

私の実際に知っている例では、「成果主義」に関して有名なヘイ・システムという仕組みについて、役員会で議案が上がったときに、社長が「ああ、知っている」とひとこと言ったとたん、周りが「社長はヘイを入れたいんだ」と思い込み、「ヘイ・システムそのものを検討する」はずが、「ヘイ・システムをどのように導入するかを検討する」ということに変わり、最終的に導入したものの、役員も人事部も本気で入れようと思ったわけではなく、結局は失敗に終わって、元に戻したという話があります。

さらに面白いのは、役員さんは「社長が入れたいとおっしゃったので入れます」とは口が裂けても言いません。「良いアイディアです」とか「当社もこれくらいしなくては駄目だと思います」と口々に言うので、社長はそれほど良いとは思っていなかったけれど、そんなに役員が強く推すのならやってみよう……という、滑稽な劇を真剣に演じているようなことが起きています。

第4章でアマゾンのリーダーシッププリンシプルに触れましたが、「忖度」しすぎる部下と同じくらい、「自分がどう見られているか」や「こういう言動をしたら周りがどう反応するか」に関して想像力の欠如している上司は罪深いのです。そして、そうした例と機会損失は、表沙汰にならないだけで、実は非常に多いのではないでしょうか。

部下に対して「いつでも相談しに来い」なんて言っておいて、相談しに行くと、「忙しいのに、それくらい自分でできないのか」と叱り飛ばし、それでいて「最近の若いヤツらは誰も話をしに来ない。草食系だ。採用が間違っているのではないか」なんていうのも同じです。「俺の言うことはハチャメチャだ」というシグナルをガンガン出しています。バイアスに気がつかないのが人間だとすれば、誰かが率直に指摘しない限り、この問題は後を引きます。このような人が出世したりすれば、目も当てられません。

「上司は部下のことがわかるのに三年かかるが、部下は上司のことを三日で見抜く」などと言われます。オオカミとウサギの関係と同じです。弱い者は、常に気を遣い、身を守ろうとするのは、どんな世界でも同じです。

その意味で、重要なのは、経営者や上司は「見られている」ことに対する感度を強く持ち、「この点は絶対譲れない」「これについては何があっても守る」という「目的」と「会社・自分の価値観」の「基準」を明確にしておくこと、そして、その基準に反する「失敗」「ミス」に対しては、どんなに小さくても決して妥協してはならないということです。

すでに第9章でタイレノールやSF（すこしふしぎ）の例を挙げて議論したように、神は細部に宿るのです。小さいのにではなく、小さいからより身近に感じ取れることも多いのです。

「割れ窓(broken windows)理論」は、一九八二年に犯罪学者のジェイムズ・ウィルソン氏とジョージ・ケリング氏によって発表されました。[6]「空きビルなどの窓の一つが割られてそのまま放置されていると、そのうちにそのビルすべての窓が割られる」ということですが、その意図することは「小さなこと」(ここでは「一つの窓が割られたまま放置されている」ということ)が、そこに住んでいる住民、通行人、そして不良の集団に「シグナル」を送っているということです。

つまり、「一つの窓が割られたまま放置されている」とは、ビルの持ち主も、ひいてはその周辺の住人も、「窓が割れてもかまわない」「他人のことなんてどうでもよい」と思っていることを示しています。多くの場合、その結果は単にその他の窓がすべて割られるだけにとどまらず、その地域全体の犯罪率の上昇など、居住環境の加速度的な悪化につながります。

したがって、「割れ窓理論」はどんなに小さな犯罪やルール違反に対しても厳しく対処する「zero tolerance」につながります。この「zero tolerance」はいろいろなところで使わ

(6) Kelling and Wilson (1982).

れ、たとえば、私が一四年間住んでいたテキサスでは（おそらく他の州でもそうだと思いますが）、中学、高校での暴力による喧嘩は、先生に見つかれば一発退学です（アメリカは高校まで義務教育ですので、他の高校に行くことになります）。

「厳しすぎる」という意見はあっても、「小さなルール違反に、あえて厳しく対処する」ことで、本人だけでなく、その他大勢に、そのルールの大切さを強くメッセージとして訴えるのです。「譲れない線」をいったん譲ってしまったら、あとはどうなるか……結果は明らかだと思います。

人間は完全なものではなく、間違いを犯すこともあります。だからこそ、気を抜いてしまってはいけないのです。それを死守しなくては、組織のアイデンティティが成り立たない一線というものがあるのです。

「経営者は役者ではない」と叱られるかもしれませんが、その一挙手一投足を注意深く部下に見られているという意識や緊張感は、忘れてはならないものだと思います。そして、当該の部下にどう対応するかだけでなく、その対応が他の社員やステークホルダーにどのように受け取られるのかを考えておかないと、「間違ったシグナル」を発信してしまいかねないのです。

顧客に差別化が「伝わる」シグナルを出しているか。

経営者の一挙手一投足、なにげない言葉は、社員を含めたステークホルダーに「シグナル」として受け取られる。

おわりに

本書では「機会損失」という視点から、私が三〇年余りにわたって考え、研究し、あるいは、あがいてきたことをまとめてみました。目の前の成功、失敗、あるいは売上、コストはよく見えるのですが、少し振り返ったり引いて見ると、全く違った像が見えることが少なくありません。多くの場合、目の前に見えることよりも、見えないことのほうが大切であったりするのです。

一つの理由は、短期的で表層的なものほど見えやすい、逆に中長期的、根本的なものほど見えにくいということです。そして、もう一つは「見えるもの」は誰にでも見えるのであり、「見える」範囲で差をつけることは難しいということです。

この点は、左図で示すように、拙著『リーダーの基準』の副題『見えない経営の「あたりまえ」』と軌を一にするところであり、「機会損失」とはそうした「見えない」、あるいは見逃しているチャンスや気づかない重要なコストを考えるために欠かせない視点であると思うのです。

最終的には、目的、率直な議論、そして、実行の重要性をよく認識することで、より広い視野を維持し、ポートフォリオの中から優先順位をつけ、戦略的な行動が取れ、機会損

図表 見えないところで差がつく

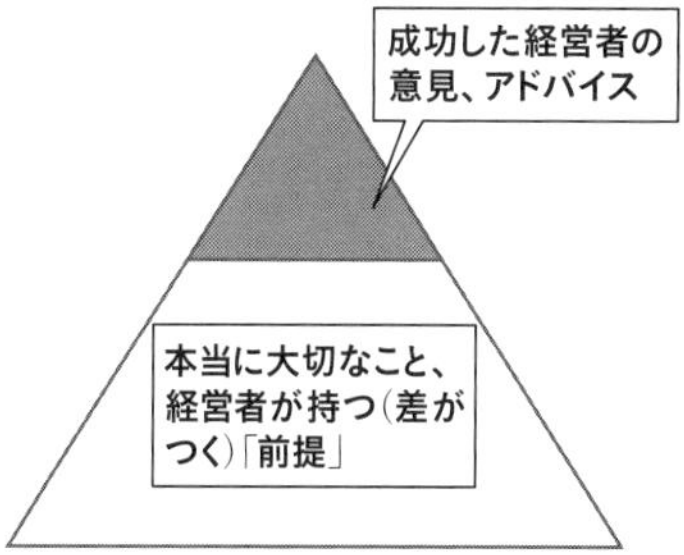

出所：清水(2017)p.30を加筆修正。

失を最小化できるのだと思います。そして、そのために改めて思うことは、現実への**感度**と自分の決定(あるいは非決定)がどのような意味を持ち、シグナルを発するかという**想像力**の大切さです。

すでに議論したように、**感度**とは「慣性」の裏返しであるとともに、**観察力**の類義語です。そして、**想像力**は自分や自社をよく知る観察の上に成り立つもので、それがなければ、ただの「空想」にすぎません。

近年、企業の不祥事の報道が増え、「より管理を厳しくするべきだ」という論調がコーポレートガバナンス流行りと相まって目立ちます。本当にそうでしょうか。一つの不祥事に対してルールを作っても、また別の問題が出ることでしょう(実際に出ています)。

管理を厳しくするという名目でルールを増やせば、社員は萎縮するばかりか考えることもしなくなり、「感度」は衰え、組織の慣性はさらに加速するでしょう。そうしておいての「考えろ」「独創性がない」「自主性がない」という叫びは、誰にも刺さるわけがないと思うのです。

翻って、個人の側から見れば、「会社のためと思ってやったのに、不祥事の責任を取らされた」というようなことだけでなく、身近なところでは、たとえば「部下のためにわざと厳しくしたつもりが、パワハラと言われた」とか、あるいは、「子どものためを思って一生懸命やったのに、子どもが反発した」といった経験をお持ちの方は多いと思います。

自分ではこれがベストだと疑いもしないのですが、予想外の反応で「我に返る」のです。「なぜ、こんな大切なことに気づかなかったんだろう」とか「なんてバカだったんだろう」と思うわけですが、手遅れです。飲んで酔っ払っているときは怖いものはない、何でも来いと思っていたのが、翌朝目が覚めると、何であんなに飲んだんだろう、バカなことをした、もう二度と飲まないと思う（あるいは何も覚えていない）のと似ています。

裏口入学に手を染めた政府高官も、もしかしたら「良かれ」と思っていたのかもしれません。本書では「見えない」という言葉をよく使いましたが、**機会損失の本質は、本当はそこにあるのに、見えていない、見ようとしないところにある**のかもしれません。

二〇一八年六月末にアメリカのミネアポリスで開催された学会（AIB: Academy of International Business）を通じて思ったのは、そんなことでした。「我に返る」のを特に意識させられたのは、二〇一六年にハイアール傘下になったGEアプライアンスのプレジデント兼CEOのケヴィン・ノーラン氏の話がきっかけでした。

白物家電を中心にしたGEアプライアンスは、「コア事業」ではないとGEからはすでに切り離されていたのですが、ハイアールの下で二桁成長を続けていることについての説明を受けて、私が強く感じたのは次の三つの点です。

①M&Aで最も重要なのは、お互いをよく見て、理解すること
②創業者の目線は、サラリーマン社長の目線と違う
③「経験」って何だろうか?

①については、「当たり前」のことではあります。しかし、新オーナーの下でのインテグレーションの話になったとき、成長ゴールを含めた「共通点」の重要性を強調されたのが印象的でした。一〇〇年を超える伝統を持つアメリカを代表するGEと、一九八四年の創業で中国の新興企業であるハイアールの組合せに対して、「違い」ばかりが喧伝されることに飽き飽きしたという感じでした。もちろん、違いはたくさんあったでしょう。

しかし、「違う」という先入観はチャンスもコストも見えなくします。本当に大切なことは、曇りのない目と心で注意深く**観察**し、何が同じで何が違うか、違う理由は何か、をはっきりさせることなのです。共通点を土台にし、違いをわかったうえで、それぞれの良

さを生かすことがM&A成功のカギだからです。

かつてソニーの盛田昭夫が「学歴無用論」を唱えた結果、より本質的に人の評価をしなくてはならなくなり、かえって現場は混乱したという話も、知らないうちにステレオタイプに頼って楽をする（結果として機会損失を生む）人間組織の特徴をよく表しています。
②については、アマゾンやフェイスブックはもちろん、日本でも、たとえば日本電産、ソフトバンク、ユニクロなど、創業社長の強みやリーダーシップが、特に、たとえば東芝やシャープなどの「大企業」のリーダーに比べて脚光を浴びています。
そうした強みの本質は、よく「決断力」「胆力」といった、わかったようなわからないような言葉で表現されることが多いのですが、今回改めて自分なりに腹に落ちたことがありました。

GEアプライアンスもそうなのですが、日本でもシャープは鴻海精密工業に買収されると、あっという間に黒字になってしまいました。もちろん、リストラが大きな役割を果たしたことは間違いないのでしょうが、そうした再建策の実行をなぜそれまでの経営陣ができなかったのかと、ずっとモヤモヤしていました。

これは買収企業に限りませんが、オーナー企業に共通する点があります。一つは創業者はもちろん、創業家の二世や三世には、上司がほぼいないということ。もう一つは、その結果として、自分が常に責任者であるということです。実際、二世や三世を見ていると、そもそも「上司の顔色を見る」とはどういうことかも、頭では理解できても、全くピンときていない方が多いように思われます。一番大切なのは、顧客に価値を提供することなのに、なぜそんなに社内のことにこだわるのか、そういう「正論」を言うことができるのです。

GEアプライアンスのノーランCEOは、「やっている中身はほとんど変わっていない」とおっしゃっていました。ただし、自分たちのやりたいことをやり、その結果が見えるように事業の単位を小さくし、「見える化」(つまりアメーバ)したことが大きいと指摘されていました。そして、そうしたことの重要性は過去からも議論されてきたのに、GEではなかなか認められなかった。イノベーションに対する施策も、これまではなかなかわかってもらえなかったが、ハイアールの張瑞敏CEOは三〇分でわかってくれたとも。結局、被買収企業が復活したのは、すごいことを行ったわけではなく、正論に基づいて「当たり前のことを当たり前にやっただけ」なのだと。

かつて日本GEのHRリーダーをされていた八木洋介氏の本に「GEは本音を封印する会社」という指摘がありました。正論を貫くという意味では同じだったと思うのですが、GEですら「本来あるべき姿」から見れば、いつの間にかずれていたのでしょう。

一八九六年から守ってきたダウ平均の銘柄から外されるなど、最近のGEのニュースを聞くにつけ、どんなに優れていても、「酔っ払う」可能性のあること、そして、いったん酔っ払ってしまったら、自ら気づいて修正しようとすることが、いかに難しいかを改めて教えてくれます。

組織の中で、人の気持ちを忖度してはいけない、などと言う気は全くありません。組織では社員の動機づけ、家族だって夫婦だって、相手を思いやる気持ちは不可欠です。しかし、組織で言えば、社員をうまく動かし成功に導くはずの「忖度」や「気遣い」が、いつの間にか目的になってしまっていないか、そして、それが当然だと思い込んでしまっていないか、と思うのです。「動かす」(ＨＯＷ)ことばかりに目が行って、少しずつ目標を「現実的」に修正しているうちに、どこに行きたいのかという、本当の気持ち(ＷＨＡＴ)がわからなくなっていないか。

そう考えてみると、不振の会社を立て直そうと外部から入っていくのは、酔っ払いの集団にしらふで説得に行くようなところがあります。「会社を変えるのは、ワカモノ、バカモノ、ヨソモノ」などと言われ、なるほど、とうなずかれる方も多いですが、酔っ払いの集団に挑む自分を**想像**できる方は少ないように思われます。

実際、日本交通の三代目社長(現会長)の川鍋一朗氏は「アメリカかぶれのエコノミスト」とあだ名され、星野リゾートの星野佳路社長が改革を進めると、「三代目の暴走」と言われ、社員の三分の一が辞めたと言います。こうした事例は、創業家が酔っ払うと手に負えないというリスクもまた示しています。

若くても創業者や二世、三世がすごいとなれば、③「経験」とは何でしょうか。多くの場合、「経験豊富」は良い意味で使われます。しかし、過去の成功パターンに当てはめることが得意であることを意味するとすれば、実は、それは**感度**も**想像力**もないことの裏返しかもしれません。

逆に、経験がなければ、原則論で勝負するしかなく、組織の機微に対する理解は不足していても、より正しい答えに近づける可能性が高いかもしれません。「経験不足」だからといって、ベテランの言いなりになることは、自分の**感度**をわざと鈍らせているようなものです。

欧米企業では、スタートアップはもちろん、いわゆる大企業でも四〇代、場合によっては三〇代のCEOが誕生することは珍しくありません。これも、実は私が昔から不思議に思っていたことです。コンサルタント時代にも、三〇代の日本市場の責任者と仕事をしたことがあるのですが、とても有能であったことを覚えています。日本企業であれば、間違いなく五〇代でないと与えられない役割です。この疑問も、だいぶ解けた気がします。

日本経済新聞の朝刊で、毎週火曜日に「私の課長時代」という連載があります。著名な経営者が自分の課長時代を振り返って「一皮むけた」経験を述べていらっしゃるのですが、「私の部長時代」が出てこないことはとても示唆的です。

「芸術家もスポーツ選手も、大成するのは才能ではなく、一万時間厳しい練習をしたかどうかで決まる」という「一万時間の法則」を当てはめると、週四〇時間ガチに働いたとすれば、年間約二〇〇〇時間、五年で約一万時間です。

最大の機会損失は「経験不足」という、わかったようなわからないような理由をつけて、人材を活用しない組織、自分で挑戦しようとしない個人、子どもにやらせない（失敗させない）親ではないかと思われてなりません。できる人ができても、そこには成長も感動もありません。原則を信じて、そして自分を信じて新しいことにチャレンジすることを私たちはもっと考えないといけませんし、せっかくの優秀な人材の能力を活かすことなく忖度することに浪費していては、グローバル競争に勝てるとはとても思えません。

自分が本当にやりたいこと、目的をはっきりさせて、「経験」や「常識」にのみ込まれることなく、うまく使いこなすこと。結果として失敗に終わっても、すぐ立ち上がり、次のアクションを始めること。そして、常に**観察**と**想像**を忘れないこと。これは自分自身に対する戒めでもありますが、そんなことが本書をお読みいただいた皆さまに伝わったら幸いです。

清水勝彦

二〇一八年八月

参考文献

- アイエンガー，シーナ（2010）『選択の科学——コロンビア大学ビジネススクール特別講義』櫻井祐子訳，文藝春秋.
- 阿川佐和子（2012）『聞く力——心をひらく35のヒント』文春新書.
- 伊賀泰代（2016）『生産性——マッキンゼーが組織と人材に求め続けるもの』ダイヤモンド社.
- イーダスハイム，エリザベス・ハース（2007）『マッキンゼーをつくった男 マービン・バウワー』村井章子訳，ダイヤモンド社.
- ウェルチ，ジャック／スージー・ウェルチ（2005）『ウィニング 勝利の経営』斎藤聖美訳，日本経済新聞出版社.
- NHKスペシャル『メルトダウン』取材班（2017）『福島第一原発1号機冷却「失敗の本質」』講談社現代新書.
- カーネマン，ダニエル（2014）『ファスト＆スロー——あなたの意思はどのように決まるか？　上・下』村井章子訳，早川文庫.
- くらたまなぶ（2006）『リクルート「創刊男」の大ヒット発想術』日経ビジネス人文庫.
- コリンズ，ジム（2001）『ビジョナリーカンパニー2——飛躍の法則』山岡洋一訳，日経BP社.
- ————／ジェリー・I・ポラス（1995）『ビジョナリーカンパニー——時代を超える生存の原則』山岡洋一訳，日経BP社.
- ————／モートン・ハンセン（2012）『ビジョナリーカンパニー4——自分の意志で偉大になる』牧野洋訳，日経BP社.
- 三枝匡（2002）『戦略プロフェッショナル——シェア逆転の企業変革ドラマ』日経ビジネス人文庫.
- ————（2006）『V字回復の経営——2年で会社を変えられますか』日経ビジネス人文庫.
- 佐藤オオキ（2016）『佐藤オオキのスピード仕事術——400のプロジェクトを同時に進める』幻冬舎.
- 柴田昌治（2009）『考え抜く社員を増やせ！——変化に追われるリーダーのための本』日本経済新聞出版社.

▶清水勝彦（2007a）『戦略の原点』日経BP社.
▶――――（2007b）『なぜ新しい戦略はいつも行き詰まるのか？』東洋経済新報社.
▶――――（2008）『経営意思決定の原点』日経BP社.
▶――――（2009）「戦略転換の壁とジレンマ――意思決定の視点からの考察」『研究 技術 計画』24（1）：71-83.
▶――――（2011a）『組織を脅かすあやしい「常識」』講談社＋α新書.
▶――――（2011b）『戦略と実行――組織的コミュニケーションとは何か』日経BP社.
▶――――（2012）『実行と責任――日本と日本企業が立ち直るために』日経BP社.
▶――――（2016）『経営学者の読み方――あなたの会社が理不尽な理由』日経BP社.
▶――――（2017）『リーダーの基準――見えない経営の「あたりまえ」』日経BP社.
▶――――（2018）「戦略転換の壁を越える法」『DIAMONDハーバード・ビジネス・レビュー』4月号：52-67.
▶デカルト（1997）『方法序説』谷川多佳子訳，岩波文庫.
▶中沢康彦（2010）『星野リゾートの教科書――サービスと利益 両立の法則』日経BP社.
▶中西輝政（2011）『本質を見抜く「考え方」』サンマーク文庫.
▶南場智子（2013）『不格好経営――チームDeNAの挑戦』日本経済新聞出版社.
▶パーキンソン，C・N（1996）『パーキンソンの法則』森永晴彦訳，至誠堂選書.
▶畑村洋太郎（2005）『失敗学のすすめ』講談社文庫.
▶――――（2011）『未曾有と想定外――東日本大震災に学ぶ』講談社現代新書.
▶ハーツ，ノリーナ（2014）『情報を捨てるセンス 選ぶ技術』中西真雄美訳，講談社.
▶羽生善治（2013）『捨てる力』PHP文庫.
▶人見光夫（2015）『答えは必ずある――逆境をはね返したマツダの発想力』ダイヤモンド社.
▶平田オリザ（2012）『わかりあえないことから――コミュニケーション能

力とは何か』講談社現代新書.
- 藤本隆宏(2003)『能力構築競争——日本の自動車産業はなぜ強いのか』中公新書.
- 二神軍平(2009)『ユニ・チャームSAPS経営の原点——創業者高原慶一朗の経営哲学』ダイヤモンド社.
- プラネット・リンク編(2016)『もったいない 新装版』マガジンハウス.
- 本間浩輔(2017)『ヤフーの1 on 1——部下を成長させるコミュニケーションの技法』ダイヤモンド社.
- 松井優征・佐藤オオキ(2016)『ひらめき教室——「弱者」のための仕事論』集英社新書.
- Adner, Ron (2012) *Wide Lens: A New Strategy for Innovation.* Portfolio(清水勝彦監訳『ワイドレンズ——イノベーションを成功に導くエコシステム戦略』東洋経済新報社, 2013年).
- ———, and Daniel A. Levinthal (2004) "What is not a real option: Considering boundaries for the application of real options to business strategy." *Academy of Management Review* 29(1): 74-85.
- Barnard, Chester I. (1971) *The Functions of the Executive.* Harvard University Press.
- Beard, Alison (2016) "Defend your research: Making a backup plan undermines performance." *Harvard Business Review* 94(9): 26-27.
- The Boston Consulting Group (2013) "Globalization Readiness Survey".
- Christensen, Clayton M. (1997) *The Innovator's Dilemma: When New Technologies Cause Great Firms to Fail.* Harvard Business School Press(伊豆原弓訳『イノベーションのジレンマ——技術革新が巨大企業を滅ぼすとき(増補改訂版)』翔泳社, 2001年).
- ———, and Michael E. Raynor (2003) "Why hard-nosed executives should care about management theory." *Harvard Business Review* 81(9): 66-74(野口みどり訳「よい経営理論, 悪い経営理論」『DIAMONDハーバード・ビジネス・レビュー』2004年5月号:20-33).
- Devillard, Sandrine, Vivian Hunt, and Lareina Yee (2018) "Still looking for room at the top: Ten years of research on women in the workplace." *McKinsey Quarterly* Mar.
- Drummond, Helga (2014) "Escalation of commitment: When to stay the course?" *Academy of Management Perspectives* 28(4): 430-446.

▶ Edmondson, Amy (1999) "Psychological safety and learning behavior in work teams." *Administrative Science Quarterly* 44(2): 350–383.

▶ Festinger, Leon (1957) *A Theory of Cognitive Dissonance*. Stanford University Press.

▶ Gerstner, Louis V., Jr. (1973) "Can strategic planning pay off?" *McKinsey Quarterly* Dec.

▶ Gibson, Cristina B., and Julian Birkinshaw (2004) "The antecedents, consequences, and mediating role of organizational ambidexterity." *Academy of Management Journal* 47(2): 209–226.

▶ Hamel, Gary and C. K. Prahalad (1989) "Strategic intent." *Harvard Business Review* 67(3): 63–76（有賀裕子訳「ストラテジック・インテント」『DIAMONDハーバード・ビジネス・レビュー』2008年4月号：96–116）.

▶ Herbert, Wray (2010) *On Second Thought: Outsmarting Your Mind's Hard-Wired Habits*. Crown Publishers（渡会圭子訳『思い違いの法則――じぶんの脳にだまされない20の法則』インターシフト，2012年）.

▶ Iwatani, Naoyuki, Gordon Orr, and Brian Salsberg (2011) "Japan's globalization imperative." *McKinsey Quarterly* June: 1–11.

▶ Janis, Irving Lester (1972) *Victims of Groupthink: A Psychological Study of Foreign-Policy Decisions and Fiascoes*. Houghton Mifflin（首藤信彦訳『リーダーが決断する時――危機管理と意思決定について』日本実業出版社, 1991年）.

▶ Johansson, Jonny K., and Ikujiro Nonaka (1987) "Market research the Japanese way." *Harvard Business Review* 65(3): 26–19.

▶ Kelling, George L., and James Q. Wilson (1982) "Broken windows: The police and neighborhood safety." *The Atlantic* 249(3): 29–38.

▶ Kogut, Bruce (1991) "Joint ventures and the option to expand and acquire." *Management Science* 37(1): 19–32.

▶ Lencioni, Patrick M. (2002) *The Five Dysfunctions of a Team*. Jossey–Bass.

▶ Lorenzo, Rocío, Nicole Voigt, Miki Tsusaka, Matt Krentz, and Katie Abouzahr (2018) "How diverse leadership teams boost innovation." The Boston Consulting Group, Jan. 23.

▶ Mankins, Mchael C., and Richard Steele (2006) "Stop making plans: Start making decisions." *Harvard Business Review* 84(1): 76–84（マクドナルド京子訳「戦略立案と意思決定の断絶」『DIAMONDハーバード・ビジネス・

レビュー』2006年4月号：128-139）.
- Markides, Constantinos C. (1997) "To diversify or not diversify." *Harvard Business Review* 75(6): 93-99.
- McGrath, Rita Gunther (2011) "Failing by design." *Harvard Business Review* 89(4):76-83（スコフィールド素子訳「『知的失敗』の戦略」『DIAMONDハーバード・ビジネス・レビュー』2011年7月号：24-36）.
- Mintzberg, Henry (1994) "The fall and rise of strategic planning." *Harvard Business Review* 72(1): 107-114（編集部訳「戦略プランニングと戦略思考は異なる」『DIAMONDハーバード・ビジネス・レビュー』2003年1月号：86-97）.
- Montgomery, Cynthia A. (2008) "Putting leadership back into strategy." *Harvard Business Review* 86(1): 54-60（松本直子訳「戦略の核心——戦略は問題解決の道具ではない」『DIAMONDハーバード・ビジネス・レビュー』2008年4月号：54-64）.
- Pfeffer, Jeffrey, and Robert I. Sutton (2006) *Hard Facts, Dangerous Half-Truths, and Total Nonsense.* Harvard Business School Publishing（清水勝彦訳『事実に基づいた経営——なぜ「当たり前」ができないのか?』東洋経済新報社，2009年）.
- Porter, Michael E. (1996) "What is strategy?" *Harvard Business Review* 74(6): 61-78（編集部訳「［新訳］戦略の本質」『DIAMONDハーバード・ビジネス・レビュー』2011年6月号：60-89）.
- Repenning, Nelson P., and John D. Sterman (2001) "Nobody ever gets credit for fixing problems that never happened." *California Management Review* 43(4): 62-88.
- Shimizu, Katsuhiko (2000) "Strategic decision change: Process and timing." Unpublished doctoral dissertation, Texas A&M University.
- ———— (2007) "Prospect theory, behavioral theory, and the threat-rigidity thesis: Combinative effects on organizational decisions to divest formerly acquired units." *The Academy of Management Journal* 50(6): 1495-1514.
- ———— (2014) "Perils of quasi global mindset: Why Japanese MNEs struggle in emerging economies?" Academy of International Business Annual Meeting. Vancouver, Canada.
- ———— (2018) "In search of a last straw: An exploratory study of decision change triggers." in T. K. Das (eds.), *Behavioral Strategy for Competitive*

Advantage, IAP.

- ———, and Michael A. Hitt (2004) "Strategic flexibility: Organizational preparedness to reverse ineffective strategic decisions." *Academy of Management Executive* 18(4): 44–59.
- Smith, Douglas K., and Robert C. Alexander (1988) *Fumbling the Future: How Xerox Invented, Then Ignored, the First Personal Computer*. William Morrow & Co.（山﨑賢治訳『取り逃がした未来——世界初のパソコン発明をふいにしたゼロックスの物語』日本評論社，2005年）.
- Staw, Barry M., and Ha Hoang (1995) "Sunk costs in the NBA: Why draft order affects playing time and survival in professional basketball." *Administrative Science Quarterly* 40(3): 474–494.
- Stross, Randall (2012) *The Launch Pad: Inside Y Combinator, Silicon Valley's Most Exclusive School for Startups*. Portfolio（滑川海彦訳『Yコンビネーター——シリコンバレー最強のスタートアップ養成スクール』日経BP社，2013年）.
- Tetlock, Philip E. (2006) *Expert Political Judgment: How Good Is It? How Can We Know?* Princeton University Press.
- Tushman, Michael L., and Charles A. O'Reilly Ⅲ (1996) "Ambidextrous organizations: Managing evolutionary and revolutionary change." *California Management Review* 38(4): 8–30.
- Weick, Karl W., and Diane L. Coutu (2003) "Sense and reliability." *Harvard Business Review* 81(4): 84–90（飯岡美紀訳「『不測の事態』の心理学」『DIAMONDハーバード・ビジネス・レビュー』2003年10月号：86–95）.

【著者紹介】
清水勝彦（しみず　かつひこ）
慶應義塾大学大学院経営管理研究科（ビジネススクール）教授。
1986年東京大学法学部卒業、86〜96年株式会社コーポレイトディレクション（CDI）にて戦略コンサルタント。同社プリンシパルを経て、研究者に転身。94年ダートマス大学エイモス・タックスクール経営学修士（MBA）、2000年テキサス大学A&M大学経営学博士（Ph.D.）。テキサス大学サンアントニオ校准教授（テニュア取得）を経て、2010年より現職。2012年より仏エクス・マルセイユ大学経営大学院でも教鞭を執る。専門は、組織変革、戦略実行、M&A。*Strategic Management Journal*、*Journal of Management Studies*、*Journal of International Management*、*Asia-Pacific Journal of Management* の編集委員を務める。著書に『あなたの会社が理不尽な理由』『戦略と実行』『戦略の原点』『リーダーの基準』（いずれも日経BP社）などのほか、学会のトップジャーナルに英語論文も多数発表している。金融、メーカー、商社、エネルギー関係など、大手企業の幹部研修や講演も多い。https://shimizu-lab.jp

機会損失
「見えない」リスクと可能性

2018年9月20日発行

著　者——清水勝彦
発行者——駒橋憲一
発行所——東洋経済新報社
〒103-8345　東京都中央区日本橋本石町 1-2-1
電話＝東洋経済コールセンター　03(5605)7021
https://toyokeizai.net/

ＤＴＰ…………江口正文
本文デザイン……米谷　豪（orange_noiz）
装　丁…………竹内雄二
印　刷…………東港出版印刷
製　本…………積信堂
編集担当………佐藤　敬
 Printed in Japan　ISBN 978-4-492-53404-5